——知覚の謎を解く

一川 誠
Ichikawa Makoto

a pilot of wisdom

はじめに

この本の表紙は何色ですか?

「百聞は一見にしかず」という言葉がある。英語でも、同じような意味合いを持つ Seeing is believing という言い回しがある。どちらも、ものごとについて直接的に見ることで、その本質的な特性が分かるという考えを表明している。

実際のところはどうだろう?

実は、この本の各章でいろいろな例を示すように、私たちは、観察している対象の特性のうち、限られたものしか直接的に知覚することができない。それればかりか、私たちの眼に見えていることは真実とは限らない。対象について見たり聞いたりして体感できる事柄は、多くの場合、観察対象の実際の特性とは異なるものなのである。

こんなことを指摘されると、読者は意外に思われるだろう。大抵の人は、これまでの生活の中で、直接的に見たり聞いたりした事柄が実際とは違っていたという経験はそれほど多くはないはずである。たまには見間違いが起り、そのことがもとで大失敗したという経験があったとしても、そのような経験は、日常の中ではきわめてまれだ。

ところが、意識されたり記憶に残る失敗が少なかったりということは、見間違いが少ないということを意味するものではない。

実際、今、あなたが手に取って読んでいるこの本についても、あなたは多くの見間違い、見落としをしてしまっている。

例えば、今あなたが読んでいるこの文字は、白地に黒のインクで印字されているように見えているはずだ。ところが、この本のタイトルが書かれている最初のページに戻り、最初のページとこの本の表紙とを比べてみると、この本のページが白というよりはやや黄みがかったクリーム色系統の色をしていることに気づくだろう。

実は、私たちには目にしているもののうち一番明るい部分を白色として見るという特性がある。このページに印字された文字を読む際、見ている中で一番明るいのは地となる紙である。それだけ見ているときには紙が白色に見える。ところが、この紙よりも明るい紙が並べられると、もはやこの紙は白には見えなくなってしまう。さらに、この本の表紙の白の部分に白色光の照明を当ててもっと明るい部分を作り出すと、それまで白に見えていた表紙の中で一番明るい部分が今度は灰色に見えることになる。

見える色に関して、一番明るいところを白色として見るという特性は、紙に限ったことではない。服の色や、ディスプレーに提示された模様など、大抵の物体の表面の色彩の見え方にも共通する特性である。

次に、この本の〝物理的特性〟に関わる見落としについても指摘しておこう。多くの読者が書店の棚で、この本の背表紙のタイトルを見た後にこの本を手に取ったことと思う。その際、この本のタイトルが白地の紙の上に印字されているのを見たはずだ。

まだこの本の背表紙を見ていなかった読者は、いったん背表紙を見てほしい。この本の背表紙を見てからこの本を手に取った読者も、もう一度背表紙を見てみよう。やはり、一様な白地の上にこの本のタイトルが印字されているのが見えるだろうか？

しかし、よく見てみると、この本の背表紙は一様ではないことに気がつくだろう。つまり、背表紙の文字の下では、右側が白地になっているのに対し、左側が薄い灰色地となっている。

この本だけではなく、集英社新書はこのような背表紙のデザインになっている。だが、多くの読者はここで指摘されるまで、集英社新書の背表紙の白地の部分に明るさの段階があることに気がつかなかったのではないだろうか？

ものごとの重要な意義、意味合いなどを決めるような特徴でなければ、多くの場合、私たちは対象の多くの特性を見落としている。この本の背表紙の場合、私たちにとってまず大事なのは本のタイトルを示す文字なので、その文字の背景にあって、しかも何かを具象的に表現する模様でもない背表紙の明るさの違いのような特性は、大抵の場合、見落とされてしまう。このような特性に気づくためには、意識的に注意を向けて観察する必要があるのだ。

誰にも見えない「異なる世界」の存在

体験された内容と実際とが異なることは、総称して錯覚（illusion）と呼ばれる。また、視覚に関する錯覚は錯視（visual illusion）、事柄についての認識が客観的事実と異なることを錯誤（mistake）と呼ぶ。

実は、いろいろ測定すると、多くの場合、私たちが知覚を通して体験している内容は、観察されている対象の物理的特性とはさまざまな点で異なっている。

例えば、知覚される大きさ、形状、表面の色彩、その対象から自分までの距離など、見える内容と観察対象の実際の特性とは大抵の場合、何らかの不一致がある。さらに、その対象が動いていたり時間の中で形状や色彩、位置などが変化していたりする場合にも、その時々の状態の知覚内容はその対象の実際の状態と対応していないことが多い。

現に見たり聞いたりしているこの世界に関して、私たちが体験していることがその実際とは違っていて、世界そのものの特性について、私たちには決して直接的に体験することはできない「私たちが経験しているものとは異なる世界」が存在するということを指摘されると、読者は気味悪く感じるかもしれない。

私たちが見たり聞いたりしている事柄が実際の世界の特性とは異なるということは、気味が悪いということにとどまらず、とても困ったことでもあるだろう。なぜなら、このことは、私たちは、見たり聞いたり、という自分自身の知覚に従っていては、事柄の特性について誤ってしまうということを意味しているのだから。

ただし、体験している事柄が実際と違うとしても、それは無秩序に異なるということではない。私たちの知覚の特性は、長い進化を経て獲得してきたものである。私たちが体験している事柄の内容が観察対象の実際の特性からズレているとはいえ、そのズレ方には何らかの規則性があることが多い。また、どうやらそのズレ方はそれなりの合理性にもとづいている。

世界の実際の特性を知ることのできない、実際の特性とは異なる知覚体験を生じさせてしまうような私たちの知覚の仕組みは、この地上の自然環境の中で生き残っていく上では適切な情報処理を適度なスピードで行うために有益なものとも言える。さまざまな見誤り、見落としを起してしまうような知覚系の仕組みは、この環境の中で適切な情報処理を行うために長い時間にわたる進化の過程で形成されたものである。

しかも、体験していることが実際と異なるということは悪いことばかりでない。実は、私たちの知覚の特性や限界を知ることで、逆にそれを利用して生活の質を改善することができる。そして、実際にそのような試みの多くが成功をおさめている。そうした成功事例のいくつかは、現代人の生活の中に多く入り込んでおり、現代の日本で、そうした試みの恩恵を享受した経験のない人を探し出すことはとても難しい。

ただし、見誤り、見落とし、思い違いが致命的な問題に発展する場合がないわけではない。むしろ、近年になってその危険性は高まっている。そうした問題と、それへの対処法を解説することも本書の目的である。

錯覚の研究は何の役に立つのか

本書では、私たち自身の知覚や認知の特性や、錯覚、錯視の成立過程の特性を紹介するとともに、そうした特性の理解が持つ意義、可能性についても解説する。どのような意義や可能性があるのかについて簡単に列挙するとしたら、まずは第一に、それが私たち自身の理解につながるということだろう。

私たちがどのように世界と相互作用しつつどのように情報を取り入れ、世界と対峙《たいじ》しているのか、私たちの知覚や認知における体験の成立過程を調べることで多くの情報を得ることができる。

錯覚研究の第二の意義は適応的意義である。

私たちは世界の本当の特性を知覚によって正確に知ることができない。とすれば、私たちの知覚内容が環境の実際の特性からどのように、どの程度乖離《かいり》しているのかを知ることから、生活の中に潜む多くの潜在的危険について備え、それに対処することができる。知覚や錯覚の特性を知ることにより、致命的な危険を回避しやすくなることだろう。

錯覚研究の第三の意義は実用的意義である。

錯覚の特性を調べることを通して私たち自身の知覚の特性を利用できる。知覚している内容が観察されている対象の実際の特性と乖離しているということ、つまりは錯覚があるということは、翻って考えてみると、実際とは異なる事柄を体験できるということでもある。簡単な具体例を挙げれば、テレビやパーソナルコンピューターのディスプレーにおける運動や色彩の表示は、実は錯視を利用しているのである。

日常に潜む錯覚

本書では、錯覚、錯誤に関して、こうした三つの意義について紹介する。同じ集英社新書における前著『大人の時間はなぜ短いのか』では、時間に関わる錯覚や錯誤を取りあげ、時計の時間と私たちが体験している時間との間にさまざまな乖離があることを紹介した。

その上で、時間とどのようにつき合っていくべきか、著者が専門とする実験心理学の知見にしたがって整理した。時間というものは、他者との協働のために人間が作り出した道具のようなものなので、その道具に使われるのではなく、道具を使いこなす工夫をしてはどうかということを提案した。

前著では心的時間の特性が大きなテーマであったが、その執筆の際、心的時間の特性や時間に関わる錯覚だけではなく、さまざまなタイプの錯覚に関してはまた機会を改めて紹介できればと考えていた。時間だけではなく、より広い範囲の錯覚や錯誤の特性を知ることで、生活の中に潜むさまざまな問題点や可能性について広く知ってもらえると考えたからである。今回、その思いを形にできる機会に恵まれたことを幸いに感じている。

人が単純に見たり聞いたりすることについて、その特性を調べるということが意味のあることだとはなかなか思われないかもしれない。そのようなことをわざわざ知らなくても、私たちは自《おの》ずと見たり聞いたりすることができる。見たり聞いたりといった知覚の特性についてわざわざ知ることがなくても、私たちは多くの場合、見たり聞いたりすることで重要な情報を得ることができる。

しかしながら、実は、本書でも解説するように、単純に見たり聞いたりすることの中には、潜在的な危険性や可能性がある。そのことを理解するのとしないのとでは、個人にとっても、人間という生物種にとっても、生存や適応において大きな違いを生じることになるのだ。

この本を読むことを通して、読者が生活の中にある潜在的危険を知り、それへの対策をそれぞれ考えるきっかけになればと考えている。さらには、知覚認知過程のさまざまな特性を知ることを通して、生活をこれまでと違った仕方で見て、何気ない観察の中に多様で豊かな可能性があることに気づいていただければと願っている。

目次

からの景色で体験できる「運動視差」／二つの眼による像のズレが立体感を生む／「ステレオグラム」による立体感の成立／1枚の画像が立体に見える「オートステレオグラム」／複数の奥行情報の組み合わせ／両眼視差からの奥行知覚と大きさの手がかり／見かけの奥行は過小評価されやすい／両眼視差で奥行を感じない「ステレオアノマリー」／2Dテレビを3Dテレビにする方法／3D映像の可能性

第4章 地平線の月はなぜ大きく見えるのか 108

どうして錯覚が存在しているのか／画像観察における錯視の成立／二次元的な網膜像の限界／錯視が顕在化するとき／地平線の月はなぜ大きく見えるのか／「正しい」知覚は必ずしも適応的ではない／人間以外の生物にも錯覚はあるのか／ダニが体験する世界／知覚の有限性を前提としての生存戦略／人間以外の生物種の適応戦略と錯覚／人間の視覚における知覚認知体験の基礎／生存に重要でないものはあっても見えない？／モノの分子構造を肉眼で見ることができないのはなぜ？／環境の改変によって生じた錯覚／錯覚を利用するのも人間ならではの特徴

第1章　「百聞は一見にしかず」と言うけれど

見えることと実際のこと

自分の眼で見た方が、他人から聞くよりも確かなことが分かる。通常、誰《だれ》だってそう考えていることだろう。「百聞は一見にしかず」という言葉もあるくらいだし、実際、他人から聞くよりも自分自身の眼で見た方がさまざまなことが理解できるというのは、日常生活の中で多くの人が体験しているはずだ。

ところが、実際のところ、私たちの眼は観察の対象の特性を捉える上で、それほど正確ではないし、無条件に信用できるものではない。耳も同様である。私たちが聞いている内容は、実際に生じた事柄と必ずしも一致していない。むしろ、見たり聞いたりしている対象の実際の特徴とは異なっていることの方が多いかもしれない。

錯覚の定義

見たり聞いたり触ったりすることによってさまざまな体験が成立する。このようにして得られた体験を**知覚体験**と呼ぶ。

「はじめに」で指摘したように、目前の対象であっても、知覚体験の内容は対象の物理的特性から大きくズレることがある。本書では、対象の物理的特性と知覚体験との間のズレのことを**錯覚**と呼んでいる。

このように観察対象の物理的特性と一致しない知覚体験が生じることを錯覚と捉えた場合、単なる見間違いや見落としも錯覚のうちに含められることになる。ただし、何が「単なる」見間違い、見落としかということは知覚の研究にとって大きな問題である。

科学としての心理学は、さまざまな見間違いや見落としの背景に何らかの規則性や再現可能な特性を探してきた。また、そのような探究を通して、知覚における情報処理の特性の理解につなげてきた。この本で取りあげる知覚認知研究が対象とするのは、人間に共通の特性を持つもの、人間であれば、ある程度の再現性がある現象である。このような、種としての人間に共有されているズレが錯覚として研究されている。

ある特定の個人においてのみ生じる、知覚内容と物理的対象との不一致を日常生活の中で「錯覚」と呼ぶこともあり得るだろう。しかしながら、本書ではそのような個人に固有の現象についてはほとんど扱わない。あくまでも、種としての人間に共通の知覚体験と対象の物理的特性との乖離に限って解説する。

英語の illusion の意外な語源

錯覚にはさまざまなものが存在する。錯覚は英語で illusion となるが、この語には「幻影」「幻想」「誤解」のような意味もある。大規模な手品のことを意味するときにも同じ語が使われる。

illusion は、一見、ill（「間違った」「悪い」「病気の」などの意）と「視覚」を表す語である

vision を組み合わせたように見える。日本語の「錯覚」という語に使われる「錯」の字も「誤る」とか「乱れる」という意味があるので、ill という語が使われているとしたら、それとは対応がよいのかもしれない。

しかしながら、illusion の ill は「間違った」を意味する ill ではない。illusion の語源はラテン語で「からかう」「まどわす」の意味である illudere から来ている。「からかわれ」「まどわされている」状態が illusion なのである。

視覚的錯覚＝錯視を中心に

錯覚は、見ることだけでなく、聴くこと、触ること、味わうこと、においを嗅《か》ぐことにも存在している。

こうした場合、錯覚の対象は自分以外の対象ということになるが、自分の手足や身体の状態や、内臓に関わる錯覚もある。例えば、頭痛の場合、脳のある部位が痛みを感じているように体験されることがある。しかしながら、脳自体には痛覚を生じるような感覚器は存在しない。脳のあたりに痛みを感じたとしても、それは実は他の部位、例えば首から後頭部にかけての筋肉や眼筋で生じた痛覚を誤って解釈したものと考えられる。同じようなことは、他の内臓における痛みについても生じることがあり、しばしば、内臓における疾患の発見を難しくする原因にもなっている。

このような感覚の種類のことを**様相**と呼ぶ。感覚の様相の中でも**五感**（視覚、聴覚、触覚、味覚、嗅覚《きゅうかく》）に関わる錯覚はそれぞれ視覚的錯覚、聴覚的錯覚、触覚的錯覚、味覚的錯覚、嗅覚的錯覚と呼ばれる。視覚的錯覚については、特に錯視と呼ばれることもあり、他の様相に比べると研究例が多い。本書でも、錯視の特性を中心に錯覚の一般的特性を説明することになる。

幾何学的構造が引き起す錯視

錯視の中でも一般的によく知られているのが**幾何学的錯視**だろう。幾何学的錯視とは、大きさや角度、形状など、画像に描かれた二次元的図形の幾何学的特性に関して生じる錯覚である。錯視を引き起す図形は**錯視図形**と呼ばれる。その多くは、錯視図形を構成する線分の長さや、画像要素同士の交差の角度のような局所的な幾何学的構造によって引き起されるものと考えられている。

代表的な幾何学的錯視を図1-1(a~g)に示す。こうした幾何学的錯視には、その発見者や主要な研究者の名前、もしくは、現象の特徴を捉えた名前がつけられている。

同じ大きさが違って見える錯視

まずは大きさの見え方に関する**大きさ錯視**をいくつか紹介しておこう。

「矢羽根」と呼ばれる両端の2本の線分の方向によって、中央部の線分の長さが違って見えるのが**ミュラー・リヤー錯視**(図1-1a)である。矢羽根が外向きであれば中央部の線分は実際より長く、矢羽根が内向きであれば中央部の線分はより短く見えやすい。この矢羽根のように、錯視を引き起す部位を**誘導図形**という。それに対し、見え方の変わる部位は**検査図形**、**標的図形**などと呼ばれる。

2本の傾斜線分にはさまれた対象の大きさが変わって見えるのが**ポンゾ錯視**(図1-1b)である。2本の傾斜線分が誘導図形である。同じ大きさの対象であっても、線分の間隔が狭くなっている側がより大きく見えやすい。

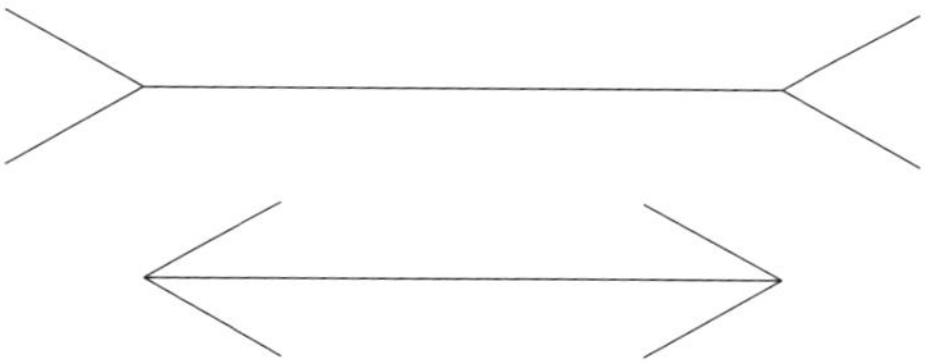

図1−1a　ミュラー・リヤー錯視
中央の線分は、両端の矢羽根が外向している（上）とより長く、内向している（下）とより短く見える。

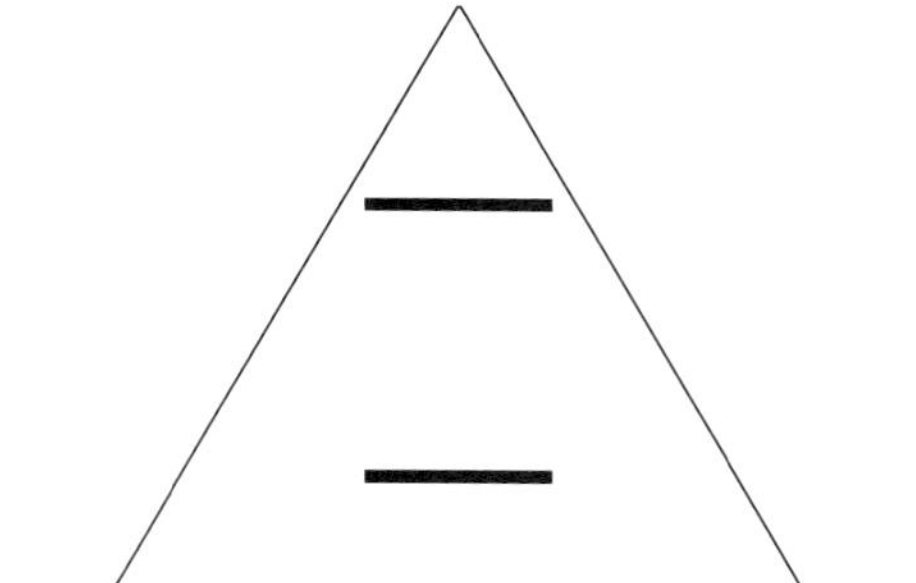

図1−1b　ポンゾ錯視
上方で収束する線分にはさまれた2本の黒太線は、上の方がより長く見える。

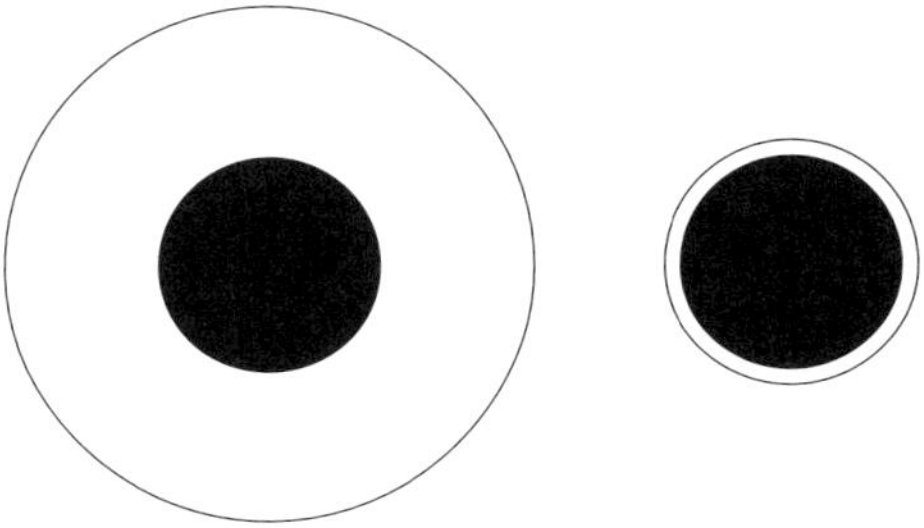

図1－1c　デルブフ錯視
内側の円は同じ大きさだが、少し大きな円で囲まれると内側の円は大きく見えやすい。かなり大きな円で囲まれると内側の円は小さく見えやすい。

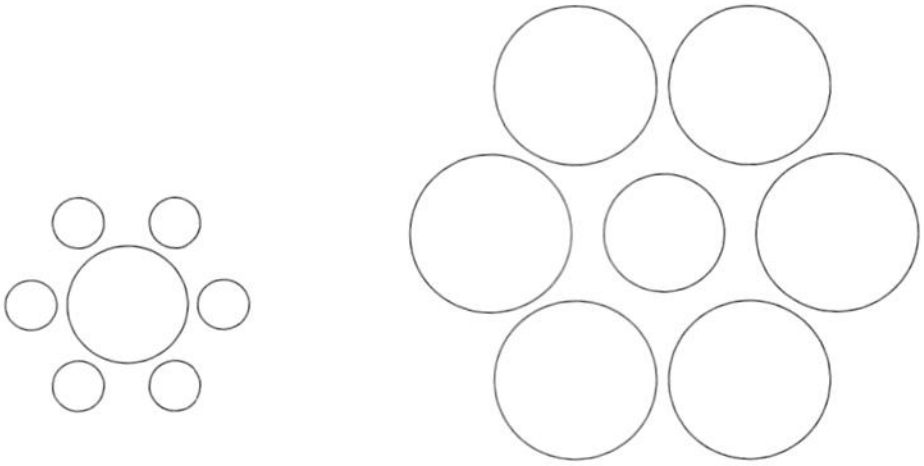

図1－1d　エビングハウス錯視
中央の円は左右で同じ大きさだが、大きな円で囲まれるとより小さく、小さな円で囲まれるとより大きく見える。

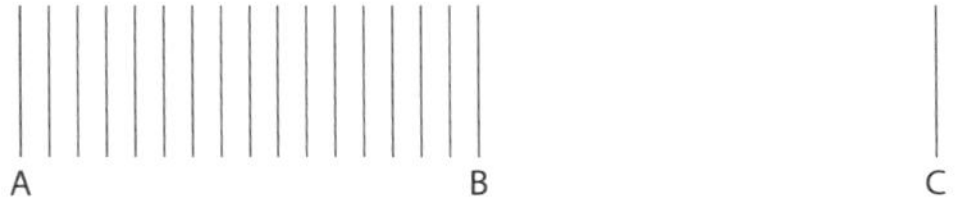

図1－1e　オッペル・クント錯視
ABとBCの間隔は同じだが、多く分割された領域（AB）は、分割されていない領域（BC）より長く見える。

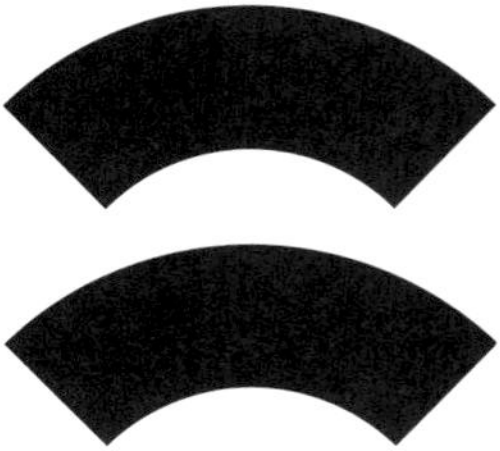

図1－1f　ジャストロー錯視
同じ扇形を上下に並べると、扇形の軸が外側にある方（下）が、弧が外側にある方（上）より大きく見える。

図1-1g　垂直水平錯視
同じ長さでも垂直線は水平線より長く見える。

図形の大きさの見えは、それを取り囲む周辺の図形の大きさの影響を受ける。例えば、**デルブフ錯視**（図1-1c）では、同じ大きさの円でも、その外側の円の大きさによって見え方が変わる。この場合、誘導図形は外側の円である。また、**エビングハウス錯視**（図1-1d）では周辺部の円が大きいと中央部の円が小さく、周辺部の円が小さいと中央部の円が大きく見えやすい。この場合の誘導図形は周辺の円で、これが中央部の円の見かけの大きさに影響を与える。2本の線分の間の間隔が等しくても、その間を分割する線分がある方が大きな間隔に見えやすい（図1-1e）。この現象は分割線錯視、もしくは**オッペル・クント錯視**と呼ばれる。同じ形状のものを並べて提示するだけで生じる錯視もある。例えば、同じ扇形も、上下に二つ並べることで、一方が他方よりも小さく見えやすい（図1-1f）。これは**ジャストロー錯視**と呼ばれる。

図形の方向だけでも大きさの錯視が生じる。例えば、同じ長さの線分であっても、水平方向の線分よりも垂直方向の線分の方が長く見える（図1-1g）。この錯視は**垂直水平錯視**と呼ばれる。この錯視は紙上の水平方向と垂直方向だけに限られる現象ではない。建物の高さとしての10メートルは、奥行や幅としての10メートルよりも長く見えやすい。

角度についての錯視

大きさだけではなく、図形の角度特性の見え方も画像の幾何学的構造の影響を受ける。こうした錯視は**角度錯視**と呼ばれる。代表的なものには**ツェルナー錯視**（図1-2a）がある。直線が検査図形、数多くの斜線が誘導図形ということになる。誘導図形である斜線の傾斜と逆方向に検査図形が傾いているように見えやすい。

三角形を二つ並べることによって実際以上に角度がついているように見える錯覚として**ブールドン錯視**（図1-2b）がある。錯視図形を構成する二つの三角形の角度のうち、接

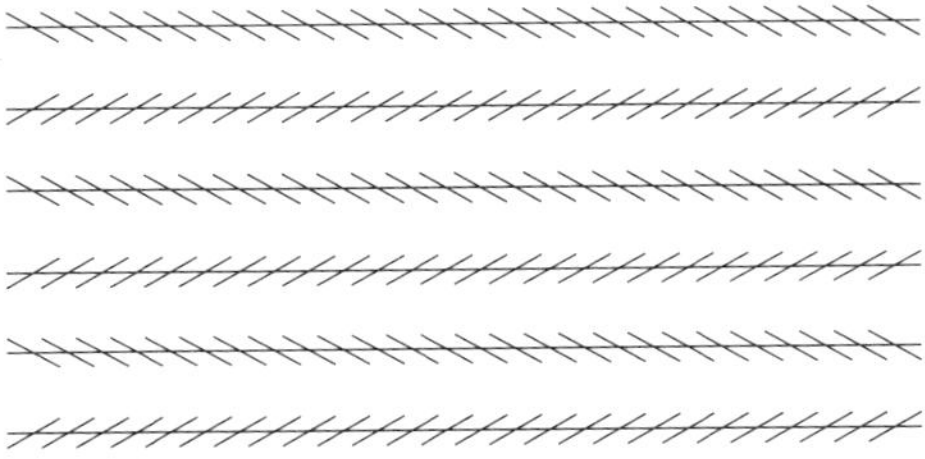

図1−2a　ツェルナー錯視
多くの斜線を重ねると平行線が傾いて見える。

図1−2b　ブールドン錯視
2つの三角形の辺が成す直線が、頂点の接する点で折れているように見える。

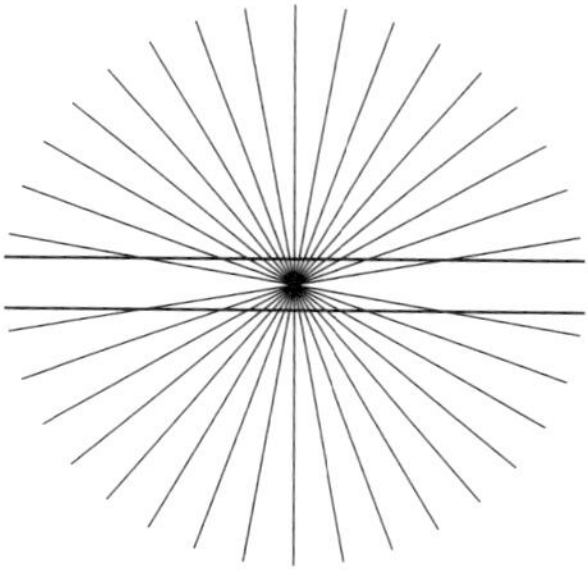

図1−2c　ヘリング錯視
放射線と重ねられた平行線の両端が内側に曲がって見える。

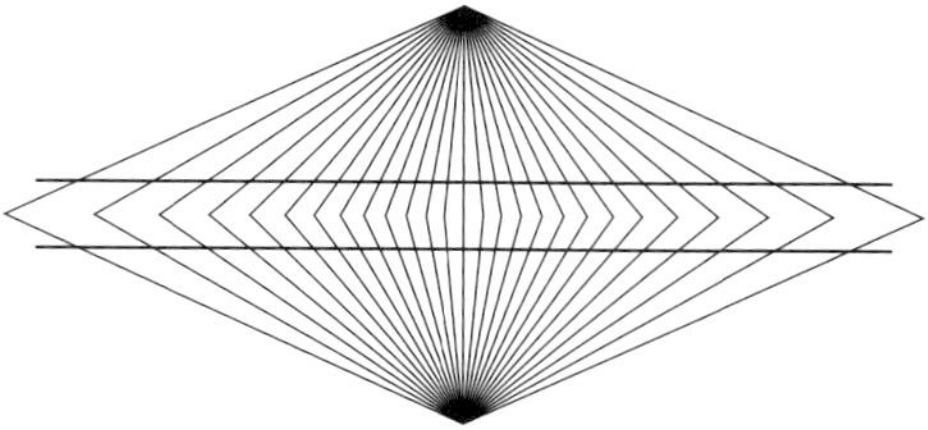

図1−2c　ヴント錯視
上下で交わる放射線と重ねられた平行線の両端が外側に曲がって見える。

図1−2d　カフェウォール錯視
白黒の四角の配列が上下でズレていると、それらにはさまれた線分が傾いて見える。

テスエカナーテスエカナーテスエカナーテスエカナーテスエカナーテスエカナー
テスエカナーテスエカナーテスエカナーテスエカナーテスエカナーテスエカナー
テスエカナーテスエカナーテスエカナーテスエカナーテスエカナーテスエカナー
ーナカエステーナカエステーナカエステーナカエステーナカエステーナカエステ
ーナカエステーナカエステーナカエステーナカエステーナカエステーナカエステ
ーナカエステーナカエステーナカエステーナカエステーナカエステーナカエステ
テスエカナーテスエカナーテスエカナーテスエカナーテスエカナーテスエカナー
テスエカナーテスエカナーテスエカナーテスエカナーテスエカナーテスエカナー
テスエカナーテスエカナーテスエカナーテスエカナーテスエカナーテスエカナー
ーナカエステーナカエステーナカエステーナカエステーナカエステーナカエステ
ーナカエステーナカエステーナカエステーナカエステーナカエステーナカエステ
ーナカエステーナカエステーナカエステーナカエステーナカエステーナカエステ

図1−2e　傾いた文字列の錯視
主要な水平成分の高さが連続的に変わる文字配列を繰り返すと、文字配列が傾いて見える。

図1−2f　枠組み効果
枠と線の間に傾きの違いがある場合（左）、枠が傾いていると、その中の垂直線分の方が傾いて見える（右）。

している部分の角度が重要と考えられている。**ヘリング錯視**、**ヴント錯視**では、放射状の線や同心円的配列と重ねられた直線が歪《ゆが》んで見えやすい（図1-2c）。

角度に関連して、傾きに関する錯視も紹介しておこう。**傾き錯視**としては**カフェウォール錯視**が有名である（図1-2d）。レンガ組みの壁を持つカフェで見つかった錯視なのでこのような名前がついている。傾き錯視は文字を並べることでも生じる（図1-2e）。

傾きに関しては、方向の判断の基準が誤って設定されることで生じる錯視も存在している（図1-2f）。暗室での観察のように、視野の中に方向についての明確な基準が無い状況で四角の枠の中に線分を提示するとき、線分は垂直でも枠が左に傾いていると、知覚の上では枠が垂直に正立していて、線分の方が右に傾いて見えやすい。この現象は周辺の情報が基準として参照され、それにしたがって見かけの傾きが決まることを示している。

形状の錯視

形状の錯視もある。代表的なものに渦巻き錯視がある。図1-3aは**フレーザー錯視**と呼ばれる。実際には同心円的な配列だが、螺旋《らせん》に見えやすい。

図1−3a　フレーザー錯視
螺旋（渦巻き）に見えるが、指でなぞると分かるように、同心円的な配列である。

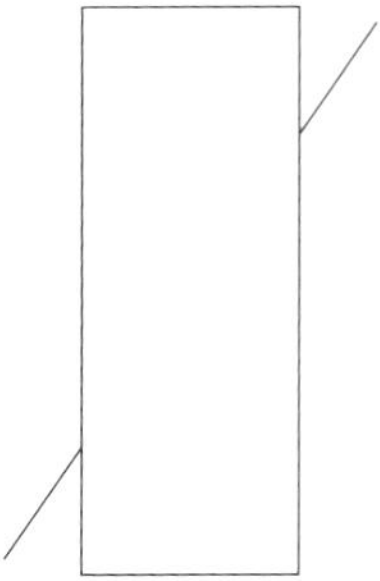

図1−3b　ポゲンドルフ錯視
左右の傾いた線分は一直線上にあるのに、ズレているように見える。

フレーザー錯視などの渦巻き錯視については、傾き錯視が関与している可能性が指摘されている。カフェウォール錯視や文字配列の傾き錯視を同心円的な配列にすると渦巻きのように見えるので、傾斜に関わる錯視と共通の処理過程にもとづくのかもしれない。

図形の位置関係に関しても錯視がある。**ポゲンドルフ錯視**（図1-3b）は、傾斜した線分が長方形で遮蔽《しゃへい》されたような構造を持つ。線分は実際には整列している（一直線上にある）のに、上下方向にズレて見える。長方形が横に長い場合よりも縦に長い場合の方が錯視量が大きくなりやすい。

錯覚の特性①……知っていても避けられない

ここまで紹介してきた幾何学的錯視をはじめとして、多くの錯覚に共通の重要な特性を二つ紹介しておく。まずは、錯覚の存在を知っていても、その知識によって錯覚の成立を避けられないということである。

著者は職業柄、多くの錯視を繰り返し観察している。この章で紹介した幾何学的錯視図形は毎年のように大学での講義や学会発表で用いているので、数万回は観察しているはずだ。しかしながら、そうした図形の観察において錯視が見えにくくなるようなことはない。図形の見え方や錯視図形の実際の物理的特性についての知識があったとしても、その錯視が消失することにはならないのである。ある特定の条件の図形が与えられれば、その現象についての知識の有無によらず、錯視が生じてしまうのである。

むしろ、ある種の錯覚については、観察経験が多いほど成立しやすいことも知られている。例えば、第3章で紹介する、3D画像の提示の際に用いられる、平面画像の観察から立体的な知覚が成立するという錯覚については、観察経験が多いほど、短い観察時間で、しかも安定した錯覚が生じる。

錯覚の特性②……「いい加減」ではない

次に重要な特性は、「錯覚の基礎にある処理はいい加減ではない」ということである。錯覚や錯視においては、対象の物理的特性からの知覚内容のズレ方に規則性がある。逆の言い方をすると、知覚の研究では、ズレ方に規則性があるものを錯覚と呼んで、その規則性を調べている。知覚の内容が対象の物理的特性からランダムにズレるだけであれば、それは錯覚ではなく、私たちの知覚認知情報処理の精度の特性ということになる。

このような知覚認知過程の特性は、人間という動物種に共通の特性と考えられる。人間という種に属する多くの個人が同じ知覚認知的基盤を持っているとすれば、ある個人が得たのと同様の現象を他の個人においても再現できるはずだ。

また、ある個人が観察を体験したとすれば、その体験を他の人たちと共有できるだろう。これらのことは、刺激と知覚との対応関係を理解することによって、錯覚を含むさまざまな知覚体験を多くの個人と共有できることを意味している。

体験の科学としての心理学

日常の体験の中では知覚体験の内容と観察されている対象の特性との間にどの程度の乖離があるのか、主観的には知ることができない。したがって、私たちの知覚がどのような特性を持っているかを客観的に、しかも体系的に理解することが重要になる。

そのようなズレについての検討は、体験についての科学である心理学、特に知覚心理学や認知心理学が担当している。体験は心理学が扱う唯一の対象ではないし、客観性を追究するあまりに研究の対象から主観的体験を排除した行動主義心理学が主流になった時期もあった。しかしながら、現在の心理学は、科学的方法論で主観的体験を直接的研究対象としている。

錯視の正体を究める二つの方向性

先に説明したように、知覚される内容と物理的対象の特性との間には不一致があるものの、そのズレ方には規則性がある。知覚される内容と物理的特性との対応関係がどのような規則性にもとづくかを調べることは、この規則的なズレの生じ方を調べることにもなる。したがって、物理的特性と体験される内容との対応関係を調べる研究は必然的に錯覚、錯視の研究となる。錯視の研究の進め方には大きく分けて二つの方向性がある。

第一に、錯視を引き起す必要最小限の条件を特定するという方向性である。

幾何学的錯視の場合、錯視図形の各部位の特性を変え、検討対象となっている錯視現象が成立する必要最小限の条件を探し出すことが試みられている。いわば**還元主義的**な研究である。歴史的には多くの研究者がこの方法をとってきた。例えば、ミュラー・リヤー錯

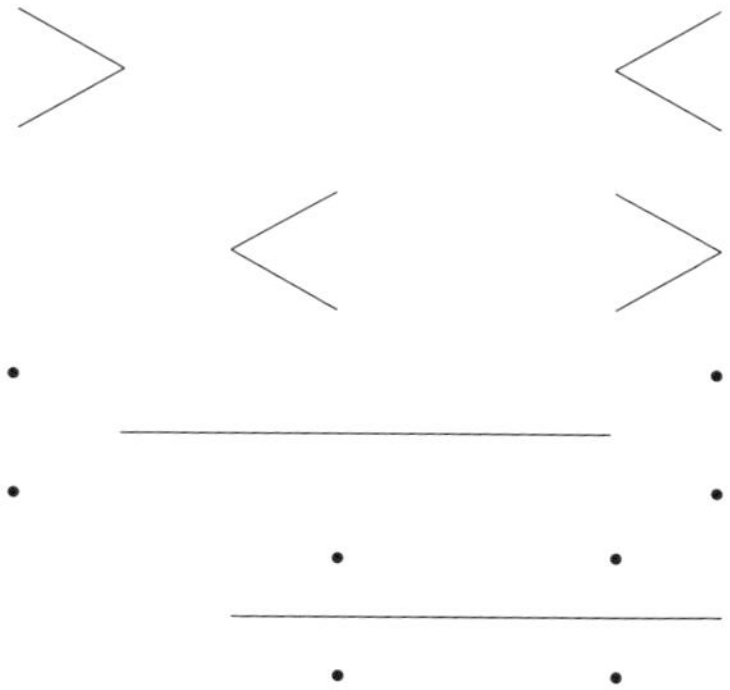

図1−4　ミュラー・リヤー錯視の部分のみ残した図
矢羽根だけの図形（上）。矢羽根の端に点を配置したもの（下）。どちらも錯視が生じる。

視の成立のための必要最小条件を求めるために主線を削除して矢羽根だけを残したり、矢羽根の先端部分の点だけを残したりして、錯視が成立するか検討された（図1−4）。この方法をとることで、それぞれの錯視現象を引き起すための図形的な条件がずいぶんと整理されてきた。ただし還元の結果、いろいろな要素をシンプルにした錯視図形の観察で生じる錯視現象自体は小さくなることが多い。

もう一つの方向性は、それぞれの錯視を顕著に成立させるための条件を探すという、錯視の**最適化**を目指す研究である。

この場合、錯視を強めるための図形的要因をいくつも重ね合わせることになるため、還元主義とは逆の発想と言える。例えば、運動の錯視であるフレーザー・ウィルコックス錯視（第5章で図5-8として紹介）の最適化の過程では、色彩を用いた方が運動の見えが強められることが見出された。長い間、解剖学的には、脳における色の処理系と運動の処理系とは独立していると考えられていたので、色彩が運動の見えに寄与するという発見は、生理学の常識にとらわれていてはたどり着くはずのないものであった。

錯視を生じるような図を見ていて楽しい、そこで得られた体験に驚くという印象を与えることは、錯覚の研究にとってとても重要なことであると思う。実は、何らかの錯覚の観察で得た驚きやインパクトが研究のもともとのモチベーションにつながっているという知覚認知の研究者は意外と多い。ただし、錯視を最適化することは楽しさを得るだけではなく、視覚の研究にとっても豊かな方法論なのである。

知覚と対象の対応関係を調べる精神物理学

あまり知られていないことかもしれないが、大きさ、長さ、明るさ、重さなど、量の知覚は正確ではない。実際に、いろいろな対象について、その大きさ、長さ、明るさ、重さなどを評定すると、大抵実際の値からズレる。

ただし、先の節でも指摘したように、知覚の内容が観察されている対象の物理的特性と異なるからといって、知覚はいい加減に決定されているわけではない。知覚量と対象の物理量との間にはズレがあるものの、それらの間には一定の対応関係がある。

知覚される量と物理量との間の関係は関数関係として記述することができる。また、この関数関係を調べる方法論を**精神物理学**、もしくは**心理物理学**と呼ぶ。これまでの心理物理学の研究によって、この関数的対応関係は、いくつかの法則でまとめられている。数式が出るなど、少し難しい印象もあるかもしれないが、代表的な法則を二つ紹介しておこう。


知覚量の単位について……フェヒナーの法則

まず紹介するのは、一九世紀のドイツで精神物理学の測定法を生み出したG・フェヒナーが導き出した**フェヒナーの法則**である（フェヒナー自身は、法則発見の基礎になった先人へのリスペクトを示して、**ウェーバー・フェヒナーの法則**と呼んだ）。これは、変化が知覚できる刺激量、つまりは心的な量の単位についての法則である。

「法則」という語を見ると難しそうに感じられるかもしれないが、その特性はとても簡単なことである。この法則の関わる私たちの感じ方の特性を簡単にまとめると、刺激量が大きいほど増減を感じるために必要な刺激量の違いが大きくなる、ということである。

基準となる刺激量があったとして、量を変えていくと、どこかで刺激量の差に気づく点がある。この、基準となる刺激量からの差を知覚できる最小の刺激量の変化は、心的量の目盛り、もしくは心的量の単位一つ分と見ることができる。ところが、この心的量の目盛り、単位の幅は、基準となる刺激量に対応して変動する。つまり、この目盛りの幅は、基準となる刺激の量が大きくなるにつれ、だんだん大きくなる（図1-5）。

図は幅の異なる階段のような形をしているが、それぞれの段の高さは一定である。縦軸は、知覚的な量の目盛り、心的量の単位を意味している。それぞれの刺激の強度において、違いが分かる刺激量の違いが段の横幅にあたる。刺激の強度の違いが分かるということは階段を一段上るということだが、刺激量によって段の横幅が次第に大きくなるというのが、この法則の意味していることである。

この心的量の単位に対応する、差が分かる刺激量の差は、刺激の違いが分かるために必

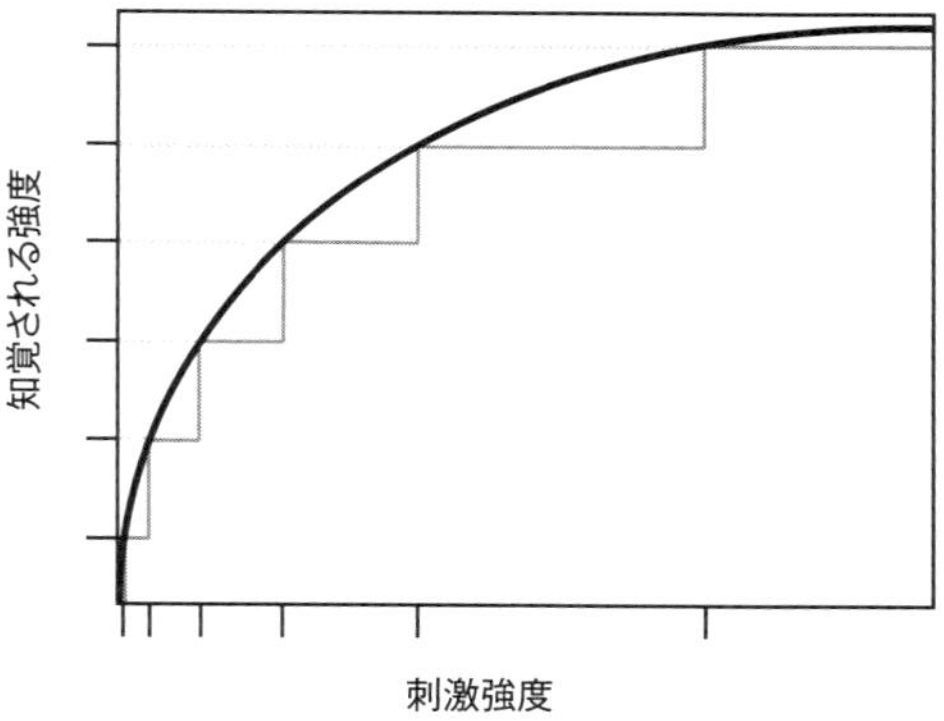

図1−5　フェヒナーの法則
刺激強度（横軸）と知覚される強度（縦軸）との対応関係。刺激強度が強いほど、知覚される強度が変わるには大きな刺激の変化が必要となる。

要な刺激量という意味で、**弁別閾**《べんべついき》と呼ばれる。弁別とは区別すること、閾とは、「しきい」を表す語だが、その量を超えると知覚的な区別が可能となるような「しきい」の値ということで、このような名前となっている。

フェヒナーは実験結果にもとづき、この弁別閾の値（Rについて R=kLogS という式）で表現できることを示した。この式は、心理学的連続体における可知の増分は対数座標上で相等しい量となることを意味している。対数座標は、数値のケタに対応して目盛の幅が拡大するので、値が大きくなるほど違いが分かるのにより大きな変化が必要であることを表現しやすい。この特性は、式の中の係数であるkの値さえ変えれば、視覚に限らず、聴覚や触覚など大抵の様相における知覚量に適用できる。式中の係数kは、その刺激を処理する知覚過程に固有の値と考えられている。

物理量と知覚量との関係について……スティーブンスの法則

フェヒナーの法則は、知覚できる刺激量の差分（弁別閾）に関する法則であった。これは心的量の単位についての法則とも言える。もっと広い範囲での刺激量と知覚量との対応関係の特性をまとめたのが**スティーブンスの法則**である。

この法則では、刺激量（ϕ）と知覚量（ψ）との対応関係を［$\psi=k\phi^n$］という式（あるいは、$\log\psi=\log k+n\log\phi$という式）で関数的に表現することに成功している。この式は、刺激の物理量とその知覚量の両方を対数としてプロットすると傾きがnの直線になることを意味している。

刺激量と知覚量が単純な比例的対応関係ではなく、このような対数的対応関係にあることとは、空間内での距離や時間の長さから、料理における調味料の分量の決定にいたるまで、共通した特性である。スティーブンスの法則も、フェヒナーの法則同様、私たちの知覚の一般的特性に関係している。したがって、この法則を知っておけば、量に関するさまざまな調整の際に役に立つ。

スティーブンスの法則は、刺激の強度を知覚量に置き換える際の変換効率が知覚の種類によって異なることを示している。例えば、nの値は、視角5度の刺激の見かけの明るさは0・33、片耳で聴いた音の強さは0・54、指に与えられた60Hzの交流電流刺激の強さは3・5、握力計に加えられる握力の強さは1・7といったようなぐあいである。これらの事例を見ると、多くの知覚については、べき数（累乗数）の値が1よりも小さいことが分かる。1より小さいべき数は、刺激量の変化ほどは知覚量が変化しないこと、また、刺激量をどんどん大きくすると、物理的量と知覚される量との隔たりもだんだんと大きくなることを示している。

フェヒナーの法則とスティーブンスの法則は、物理量と知覚量との間の対応関係に関して、知覚一般に見られる特性である。錯覚とは、このような一般的法則を差し引いた上でも、さらに物理的量と知覚される量との間に存在する乖離を指す場合が多い。以下の節では、この乖離やその基礎、この乖離の持つ潜在的危険性や可能性について説明する。

今も続く新しい錯覚の発見

物理的特性と知覚とがどのように対応しているかを理解するためには、錯覚、錯視がどうして成立するのかを理解する必要がある。錯覚の研究とは、観察対象の物理的特性と知覚体験との対応の仕方を理解することでもある。

実は、これまでの研究の中で、完全に解明された錯覚はほとんどない。むしろ、ほとんどの錯覚については、どのようにして成立しているのか、今も議論が続いている。例えば、第4章で紹介する、地平近くの月が天頂近くにある月よりもずいぶんと大きく見える「月の錯視」は紀元前から知られている現象だが、未だにその成立過程は完全には解明されていない。幾何学的錯視（図1-1〜図1-3）の中には一〇〇年以上前から知られている錯視もあるが、成立過程が完全に理解されているものはほとんどない。そのため、刺激の要因や観察者の状態が変わった場合にどのような知覚が成立するのか、予想することも困難なのが現状である。

さらに、今でも次々と新しい錯覚が見つかっている。著者も、学会や研究会などで、毎年のようにびっくりさせられることが多い。中には、人間の知覚認知過程の特性や、自分自身の知覚体験についての理解の核心を揺さぶられるような現象さえある。

今でも新しい錯覚が数多く見つけられつつあるということは、特別な技能がなくても、パーソナルコンピューターとお絵描きソフトを用いて、さまざまな画像を作ることができるという現在ならではの状況によるところが大きい。

特に、動画像の作成は、一〇年前でさえ簡単ではなかったが、現在では一般的なコンピューターのユーザーであっても、画像や音のファイルを切り貼りすることで、簡単なアニメーションを作成できる。画像や音の刺激に触れる機会が増えたこと、実際に作ったり制御したりする人が増えたことが最近の錯覚の発見の背景にあるように思われる。

新たな錯視、錯覚はどのようにして見つかるのだろう。研究者の中には、仮説にもとづいて作図を行い、計画的に新たな錯覚を見つける人たちもいる。

ところが、多くの錯覚は偶然見つけられているのが現実である。対象の物理的な特性と知覚とが異なることがあり得るという知識を持っていると、日常生活の中で出会う映像や音、感覚に注意を向けている中で案外不思議な現象に出会うものなのだろう。

新たに見出された錯視、錯覚は、実は、完全に新しいものではなく、すでに類似した現象が報告されているということも多々ある。ただ、前述したように、多くの錯視、錯覚はまだその基本原理が理解されていないので、すでに知られている錯視・錯覚と類似した現象であっても、その現象から私たちの知覚系の情報処理の特性について重要な洞察が得られることも少なくない。

また、過去に見つかった錯覚と類似した現象であっても、錯視、錯覚の程度をより顕著にできたり、錯視現象を最適化できたりすれば、その過程で知覚系の行う処理過程の理解につながることがある。

一般人も参加できる錯視コンテスト

実は、新しく見つかった錯視の発表の場として、一般人も参加できる錯視のコンテストも開かれている。世界中から挑戦できるものとしては二〇〇五年から毎年開催されているBest Illusion of the Yearというコンテストがある。

すべての投稿作品から知覚の研究者を中心とした選考委員がトップ10の作品を選び、その中から北米で最大規模の視覚研究の学会である Vision Sciences Society の年次総会の参加者が投票でグランプリを決めるのである。毎年のコンテストのグランプリ作品やトップ10作品はウェブ上（http://illusioncontest.neuralcorrelate.com/）で公開されているので、ぜひチェックしてみてほしい。説明は英語でなされているが、文章を読まなくてもそこに紹介されている画像を見ただけで現象の本質が分かる作品も多い。目から鱗《うろこ》が落ちるような体験ができるものもあることだろう。

このコンテストには、毎年、日本からも多数が参加している。二〇一〇年のコンテストでは、日本人として初めて明治大学の杉原厚吉教授がグランプリを獲得された。作品は、エッシャーの版画のように、特定の視点から観察すると、ボールが上り坂を上っていくような模型であった。杉原教授は視覚や知覚の研究者ではなく、数学者である。視覚や知覚の研究者とは異なる発想で空間の知覚の特性を示すような作品を作ったところが、Vision Sciences Society の参加者に高く評価されたように思われる。

日本でも、二〇〇九年から一般の人にも開かれた錯覚のコンテストが開かれている。例えば、日本基礎心理学会での錯視コンテストは研究者以外の一般の人にもオープンにされており、知覚の研究者である審査委員会がトップ10作品を決定する形で行われている。コンテストのホームページでも紹介されているが、錯覚現象の新規性、デモンストレーションの独創性、作品としての美しさ・巧妙さなどについて評価がなされ、総合点でトップ10の作品が決定されている。

筆者も二〇〇九年の第1回のコンテストから審査委員として関わっている。このコンテストでも、トップ10の作品は、視覚研究のアーカイブである Visiome（http://visiome.neuroinf.jp/）で公開されており、インターネットが利用可能な人であれば、誰でもアクセスできる。一般の参加者にもオープンの企画なので、研究者だけではなく非会員の大学生はもちろん、高校生や中学生の作品応募もある。第1回のコンテストでは中学生の応募作品が審査員特別賞を受賞している。興味がある読者はぜひコンテストのサイトをチェックしてみてほしい。

第2章　人間に「正しく」見ることは可能か

「正しく」見るとは？

前章では、私たちの知覚体験の内容が観察されている対象の物理的特性とは乖離することがあることを説明してきた。この章は、視覚に関して、前の章とは逆の方向から解説を始めようと思う。

そもそも私たちは正しく見ることは可能なのだろうか？

この場合の「正しい」とは、対象の物理的特性をそのまま反映することである。「正しく描写する」とは、対象の物理的特性をそのまま写すことである。

カメラの映像の「正しさ」の根拠

対象の物理的特性の写像は通常のカメラが行っていることだ。カメラにおいては、レンズで焦点を結ぶことで、対象の空間内での位置的特性がそのままフィルムに写像される（図2-1）。レンズで焦点を結ぶことにより、フィルム上では180度回転するが、対象の形状的特性に対応した写像が得られる。

つまり、カメラで撮影された像は、対象の物理的な形状特性をそのまま反映している。このように写像された写真は対象の物理的な形状の特性と一対一的に対応しているということで、「正しい」。

もちろん、カメラに用いるレンズなどの光学系の特性によっては、写像が歪むこともあり得る。しかしながら、この歪み方は、レンズの物理的特性をそのまま反映したものだ。したがって、レンズの物理的特性に対応した歪みが導入された場合でも、対象の形状の特性はそのまま一対一対応的にカメラで撮られた映像に記録されることになる。

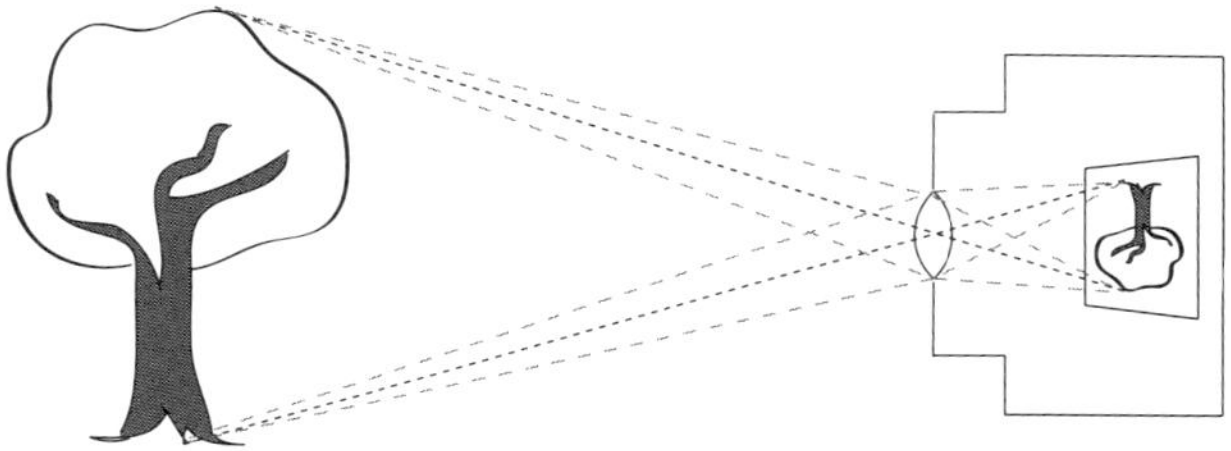

図2−1　カメラにおける物体と像の関係
レンズを通した像は180度回転しているが、物体と一対一的に対応している。

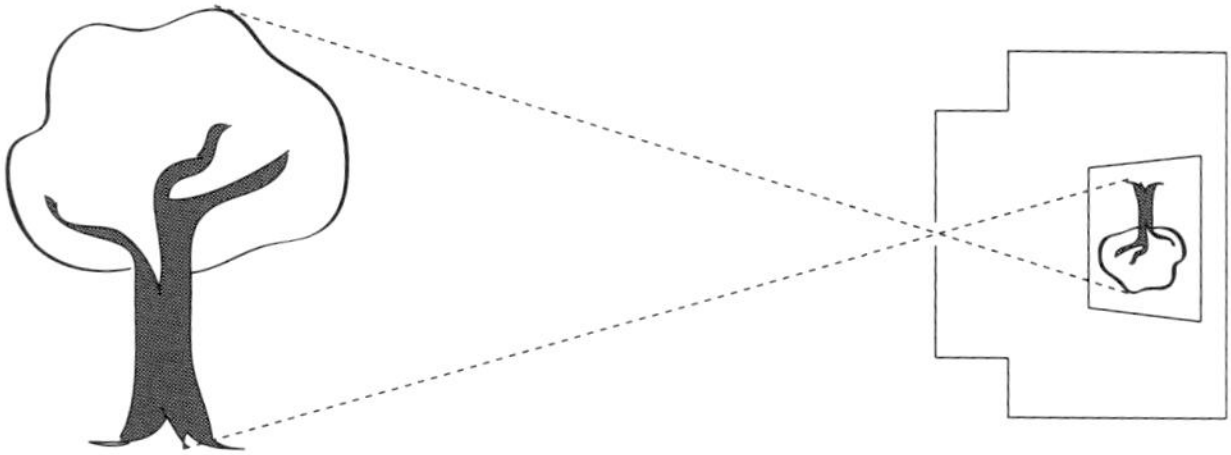

図2−2　針穴カメラにおける物体と像の関係
針穴を通した像は180度回転しているが、物体と一対一的に対応している。

カメラにはレンズを用いないタイプのものもある。例えば針穴カメラがそれにあたる（図2-2）。針穴カメラでは、穴が十分に小さい場合、針穴の背面にあるスクリーンにクリアな像が映る。対象の各部位と穴を結ぶ線をさらに伸ばしたスクリーン上の位置にその部位の像が投影される。つまり、針穴を通る時点でその像は180度回転することになる。

カメラの語源であるラテン語のカメラ・オブスキュラ（camera obscura）は「暗い部屋」という意味を持ち、この針穴カメラの原理で「正しい」像をスクリーンやキャンバス上に投影する装置であった。ルネサンス期の画家たちもこの種の装置を知っていて、対象の「正しい」像をキャンバス上に描くためにこの装置を利用することもあった。

カメラで「見えた通り」の写真が撮れるのか

さて、ここまではカメラで撮影された画像が対象の物理的形状をそのまま記録したものであることを説明してきた。では、このカメラで撮られた画像は、「見えた通り」の画像なのだろうか？

ここまで説明してきたように、カメラで撮られた、幾何学的には対象の形状に対応した画像、言わば「正しい」画像なのだから、それは「見えた通り」の画像であることは疑う余地のないことのように思われる読者も多いことだろう。

しかし、実際には、日常生活の中でこれに反する体験をした人は少なくないだろう。つまり、幾何学的には「正しい」はずの写真を見て、その現場でのその対象の見た目の印象と違っていて、がっかりしたという経験をしたことはないだろうか？　特に、雄大な風景や建築物の前で撮った記念写真などで、後方の景観や建築物がその場での印象より小さく写っていて、がっかりしたことがあるという人も多いのではないかと思う。

眼球はしばしばカメラと同様の光学的特徴を持つことが指摘されている。もちろん、眼球は球体であるため、網膜上に投影される像自体は平面のフィルムや感光板に投影される像とは異なっている。しかし、網膜への像の投影については、カメラと同様の光学的規則にもとづいている。もし、カメラで撮った写真が、その場に居合わせたときの印象と異なるということであれば、その違いは眼の光学的特性というよりも、網膜で得られた視覚情報の処理段階で生じたものと考えられる。

実は、人間の知覚系には、日常の景観の観察では遠くのものほど実際より大きく見える傾向がある。そのため、景観をその現場でスケッチすると、写真とは異なり遠くのものほど幾何学的に「正しい」大きさよりも大きく描くことになってしまう。この傾向は、前の章で紹介したスティーブンスの法則とも対応している。つまり、観察される対象の像は観察距離が大きくなるにつれて小さくなるが、見た目の大きさは網膜像の大きさの減少ほどは小さくならない。筆者は、共同研究者の長田らとともに、1~10メートルの範囲でさまざまな距離にある対象の見かけの大きさを、1メートルのところにあるディスプレー上の円の大きさで実験参加者に再現してもらう実験を実施した。幾何学的に対応した大きさの知覚が生じるのであれば、観察点から対象までの距離が倍になると、見た目の大きさは半分になる。ところが、実際には、距離が増えても見た目の大きさはそれほど小さくならない。

このように、見た目の大きさは、カメラ・オブスキュラや針穴カメラとは異なる仕方で決定される。そもそも、ルネサンス期の画家が、このような装置を必要としたのは、私たちが見た目の通りにスケッチを行うと、幾何学的に正しい大きさからはずれてしまう事実の裏返しであったに違いない。

実際のところ、幾何学的に正しいカメラであるから、その見え方が印象と合わないとしても、それが間違っているとは言えない。幾何学的な正しさからズレているのは私たちの「見え」の方なのだ。カメラは「正しく」、私たちの見えの方が「正しく」ない。

「見た目」に近い画像を撮るカメラ

記録のための道具としてカメラはとても有用である。カメラで撮影することで、対象の実際の特性について画像として正確に記録できる。

ところが問題なのは、写真を撮影する際に、期待されているのは正確な記録を残すことだけではないということである。旅行先で、その場でのすばらしい風景の体験を記録に残したいこともある。特に、記念写真を撮影するときはそうだろう。富士山のような山を見上げた際、目の前に迫るような迫力、それに感激して、その感動をまた味わいたくて写真を撮影したとしても、写真の上では山は小さく写ってしまう。現地で得たような迫力は感じられず、むしろ、印象との比較でずいぶんとスケールダウンして見えてしまう。

写真の見え方をその場での見た目の印象と近づけるためには、遠くの対象の画像ほど大

図2−3　双子の塔の錯視
塔を写した同じ写真を並べると、左側の塔は右側の塔より左に傾いて見える。

きくする必要がある。前述の長田らとの研究では、その変換のための関数が特定されている。また、この式をもとに、距離に応じて画像の大きさを変化させる「デジタル印象カメラ」を考案し、特許の出願も行った。知覚の特性の研究は、「見た目」を重視した「もの作り」につなげることができるということの一例である。

同じ写真なのに同じに見えない錯視

幾何学的に「正しい」写真や絵画の観察では、ここまで説明してきた大きさの錯視や、傾きや角度、形状などに関してさまざまな錯視が存在している。例えば、図2−3は、二〇〇八年に発見された錯視で、「双子の塔」と呼ばれている。図はある塔を写した同じ写真を左右に並べたものである。二つの画像は同じものである。ところが、左側の塔

図2–4　双子の道の錯視
道を写した同じ写真を並べると、それぞれの道が違う方向に向いているように見える。

が右側の塔に比べて、より左に傾いて見えるだろう。

同じような角度の錯視は、塔の写真だけではなく、道を写した写真を並べた場合にも起る（図2-4）。実は、これも同じ写真を並べているだけである。読者には、この縁石がなす線が垂直線からどの程度ズレて見えているだろう。実際には、どちらの写真でも左側が67度、右が35度である。ところが、右側の写真の縁石の成す線の方がより右に傾いて見えた読者が多いのではないだろうか。実は、遠近法で一点に収束する構造があれば、一方の画像がもう片方よりも大きく傾いて見える。

物理的な像をそのまま固定した写真の観察において、二つの全く同じ画像が異なって見えるとしたら、それは私たちがその画像の特性を実際通りに知覚できないことを意味している。このように「正しい」画像を見て「正しい」知覚が成立するわけではない。

遠近法で生じる道路の角度錯視

遠近法が引き起す現象として、写真や絵画の示す道の角度に錯視があることを示したのが、長と著者らが発見し、二〇一〇年の錯視コンテストでグランプリを受賞した**道路写真の角度錯視**である（図2-5）。写真は著者の研究室のある千葉大学西千葉キャンパスの一角を写したものである。この写真の中で、道の両側辺が形成する角度は何度に見えるだろうか？　読者もこの写真を見て自分自身ではどの程度の角度で見えるかを評定してほしい。

この写真を大学の心理学講座三年生向けの講義で学生に見せて何度に見えるか尋ねてみた。20名の平均では約60度であった。大学生ではなく、さまざまな年齢層の一般の参加者向けの講演会などで紹介した際に見え方を尋ねた場合も、60度程度の角度に見える人が多かった。実際には、この角度は、直角を大きく超える１０９度である。風景写真ではなく、道の側辺と同じ角度の線分を見た場合にはほぼ正確な角度に見える（図2-6、62ページ）。ところが、遠近法などで距離や奥行が見える写真の中で同じ角度を判断すると、ず

図2-5　道路写真の角度錯視
道路左右の側辺が成す角度が過小視される。

いぶんと過小評価してしまうのだ。

　道路に関するこの角度錯視は、風景画を描く際などにも影響しているものと考えられる。特に、絵を描き慣れていない人は、自分の前に延びる道などの両側辺が成す角度をかなり小さく描きやすい。実際の道の両側は平行に近いので、描かれる絵もそれに近くなってしまうのだろう。その結果、描かれた絵からは奥行や空間の広がりが感じられにくくなる。

　昔からよく知られている幾何学的錯視にツェルナー錯視（29ページ）やポゲンドルフ錯視（34ページ）があるが、これらも角度錯視である。こうした古典的な角度錯視はせいぜい数度程度の大きさであることを考えると、道路画像が引き起す数十

図2−6　上の図の道路の両側辺と同じ角を成す線
図2−5の道路左右の側辺と同じ角を成す線を一様な背景上に示すと角度の過小視は生じない。

度の大きさの錯視は角度錯視としては飛び抜けて大きいものだと言える。

ツェルナー錯視やポゲンドルフ錯視のような角度錯視は、角度を構成する誘導図形における抑制的な処理によって説明されることが多い。しかしながら、図2-5の角度錯視はこの仮説で説明することは難しい。なぜなら、角度を構成する線分だけの画像（図2-6）ではほとんど錯視が生じないからである。また、図を上下逆さまにした場合には、この錯視は減少する。この角度錯視の成立には、奥行距離を示す情報が必要であり、しかもちゃんと正立して画像の中の奥行関係が分かりやすい方が大きな錯覚が生じやすい。

写真も絵画もテレビも錯視のおかげ

詳しくは第3章で説明するが、二次元的な画像情報にもとづいて三次元的な体験を成立させることは私たちの視覚の大事な機能の一つである。ただし、その機能の基礎にある過程は、奥行の知覚だけではなく、大きさや形など、私たちの視覚のさまざまな処理に関与しているものと考えられる。

写真や絵画、テレビなどの画像自体は物理的には平坦なものなので、その観察において距離や奥行といった三次元の知覚が成立すること自体が錯視であると言うことができる。

写真や絵画、テレビの画像が三次元的な空間の広がりを持つように感じられることが錯視であると書くと、奇妙に思われる読者もいるかもしれない。しかしながら、写真や絵画、テレビのように、平坦な画像に奥行方向の空間的広がりを感じるということは、対象の物理的特性と知覚体験が乖離するということである。知覚される内容が対象の物理的特性と異なっているという点で、画像が三次元的に見えることも錯視と見なすことができるのである。

「双子の塔」の錯視の謎を解く

双子の塔の錯視、道路写真の角度錯視のどちらも、遠近法などの情報にもとづく三次元構造についての情報が写真の二次元的構造についての知覚に影響することで生じると考えることができる（図2-7）。実際には直立している2本の塔を見た場合、どちらも同じ焦点に向けて収束するはずである。それが同じ写真を並べた場合、一方の画像はこの共通の焦点から大きくズレることになる。より傾きが小さい塔を直立したように見てしまうと、もう一方の塔は垂直ではなく、大きく傾いていることになってしまうのだ。例えば、図2-3の双子の塔の錯視図形には、遠くのものほど画像上の大きさが小さくなるという遠近法の情報があるので、画像が立体的に見えてしまう。図2-3bの2枚の写真の中の対象のように見える立体的建物が実在した場合、右側の塔は左側の塔よりも大きく傾いていなければならない。この三次元的な構造の解釈の整合性を保つため、二次元的な写真の構造についての知覚が影響を受け、図の左側の塔が大きく傾いているように見えるものと解釈できる。

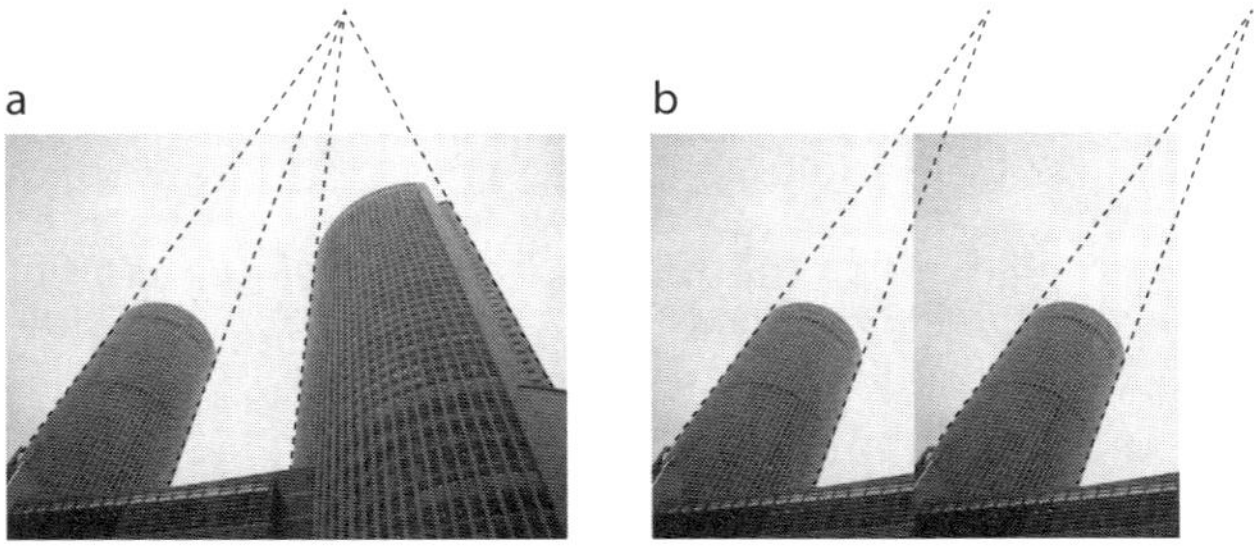

図2−7　通常の双子の塔(a)と同じ写真を並べたもの(b)
実際の空間の中で同じような塔が並んでいると、それらの像は一点に収束する。像が平行であるとしたら、一方が他方より大きく傾いていることになる。

道路写真の角度錯視にはどのように奥行の情報が寄与しているのだろうか？　道路の両側辺は、実空間においては、おおよそ平行であることが多い。二次元的な写真の観察においても、道が描かれていれば、それは多くの場合、実空間内ではほぼ平行であろう。そのため、写真中の道に対しても、遠近法の情報によって立体的に見えてしまう。三次元的な空間にこのような構造があると、それは平行に近いということになる。この解釈の整合性を保つため、二次元的な構造の知覚が影響を受け、角度の過小評価が生じるものと解釈できる。

奥行情報の誤適用で引き起される錯視

ここまでは、写真のような画像の遠近法の情報がいくつかの角度についての錯視現象の基礎にあることを紹介した。遠近法的な情報が画像の中に含まれていると、それだけで自動的に奥行の情報が抽出され、それに合わせて画像の中の対象の形が処理されてしまう。仮にその遠近法の情報が明確な奥行知覚の体験を引き起こすことがなくても、二次元的な画像の知覚は歪んでしまう。

画像の三次元的な情報によって歪められるのは写真の観察だけではない。また、歪められるのは角度だけではない。大きさの錯視であるポンゾ錯視（24ページ）の場合、誘導刺激となる2本の線分が遠近法についての情報を示していると考えられる。2本の線分から成る誘導刺激の間隔が狭いほど遠いという情報を得ることができる。遠近法の手がかりが示すように二つの標的刺激までの距離が異なるとしたら、二つの標的刺激のうちより遠くにあるものの方がより大きいはずだ。二つの標的刺激が奥行のある空間の中にあるように解釈されると、より遠くに見える方が大きいことになる（図1-1b）。ポンゾ錯視は、線遠近法の情報を含む写真によっても生じる（図2-8）。写真の場合、線遠近法以外にも三次元的な空間の広がりについてのさまざまな情報（詳細は第3章で解説する）が含まれているので、傾いた線分だけの図1-1bよりも大きさの錯視がより明確になるかもしれない。

図2−8　写真によるポンゾ錯視
上の水平線の方が下の水平線より長く見える。

別の大きさ錯視であるミュラー・リヤー錯視（24ページ）については、局所的な接合部の構造が示す立体的構造についての情報が錯視の基礎にある可能性が指摘されている。つまり、画像中に、立体角を示すY字型の接合構造があると、そこから奥行情報が自動的に獲得される。錯視図形の矢羽根と線分とがY字型の接合部を形成する。このような構造があると自動的に奥行情報につじつまが合うように線の長さが処理されるため、Y字型接合の方向性によって主線部分の長さが過小評価されたり過大評価されたりする。

具体的には、Y字型接合構造があることにより、観察者から見て凸《とつ》の立体角をなす部位がより手前に、凹《おう》の立体角をなす部位がより遠くにあること

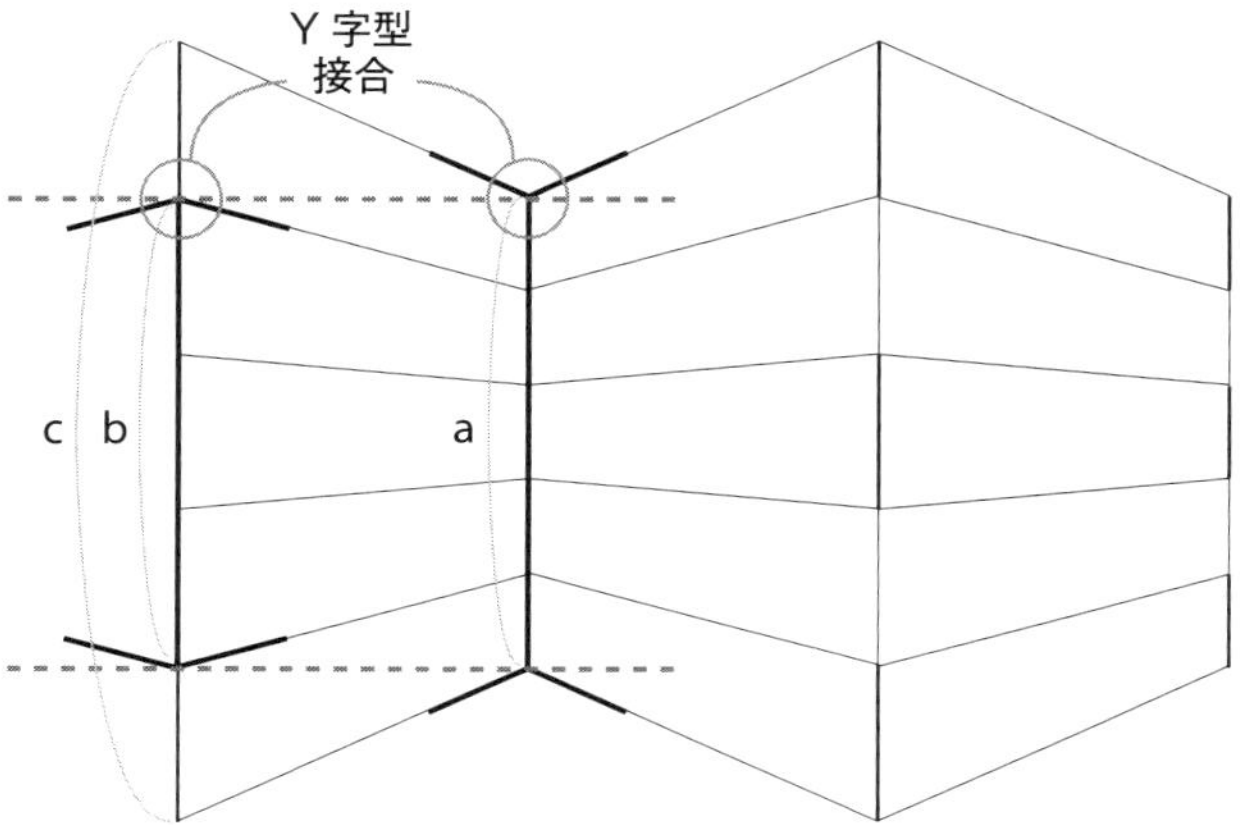

図2−9　ミュラー・リヤー錯視と遠近法
内向(外向)図形は、物体中で比較的近い(遠い)部位を示すことになる。像の中で同じ長さであれば、実空間では、内向の矢羽根間より外向の矢羽根間の方が長いことになる。

が示唆される(図2−9)。この図の中で、二次元平面上では物理的には(a)と同じ長さである(b)は、立体空間の中では(a)と同じ長さの(c)の一部になる。そのため、この画像のY字型接合から立体の情報を取り出してしまうと、もはや(a)と(b)とは同じ長さに見えない。

整列性の錯視も奥行情報の処理に関連して生じることが示唆されている。第1章で紹介したポゲンドルフ錯視(図2−10a)では、斜めの線分と垂直線分との間に遮蔽を示すT字型の接合構造がある。T字型の接合構造は、Tの足

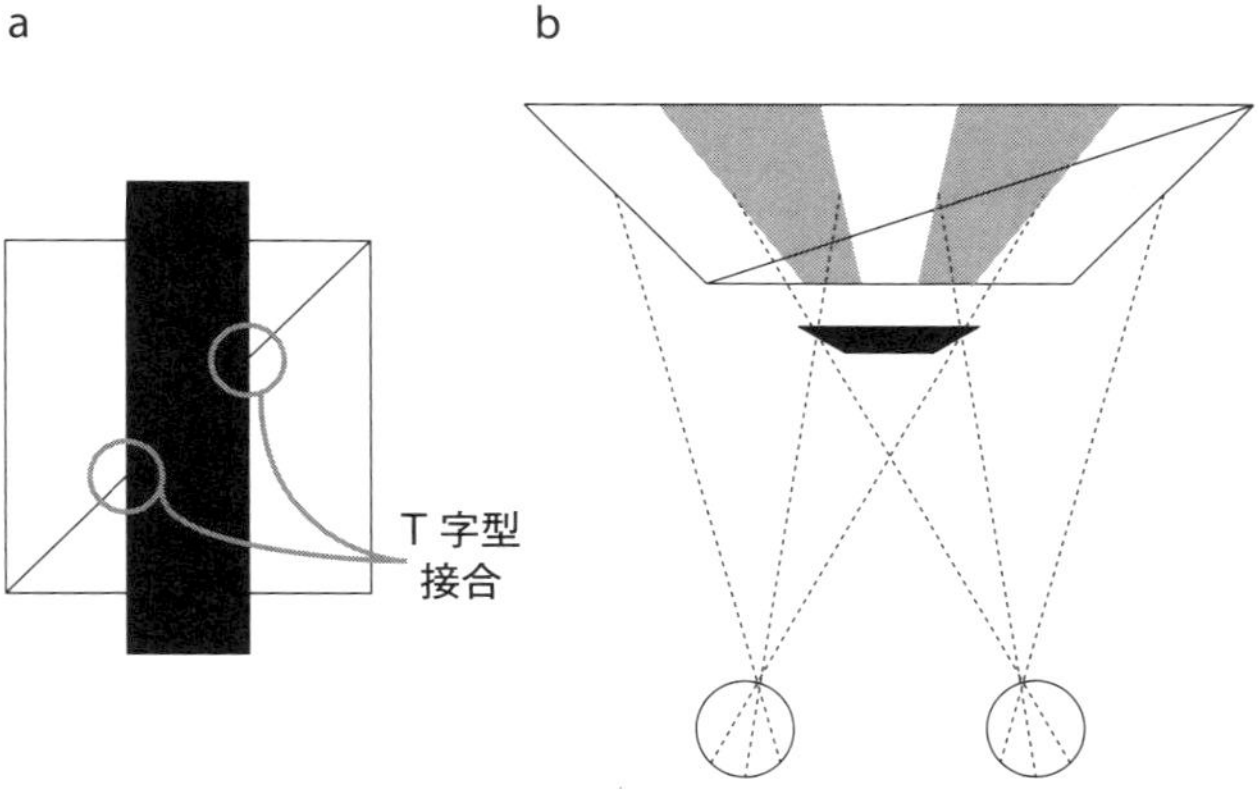

図2−10　ポゲンドル錯視における遮蔽と単眼領域
a）ポゲンドル錯視図形でのT字型接合。 b）黒の板が手前にある場合、片方の眼にしか見えない領域（灰色）が生じる。

の部分が垂直の頭の部分に遮蔽されており、垂直線（Tの頭）ではさまれた領域がTの足の部分より手前にあることを示している。

通常、このような配置の刺激を観察すると、左右の眼にそれぞれ、その眼にしか見えない領域がある（図2−10b）。実空間内での観察では、手前に見える（つまりは斜めの線分を遮蔽している）部位の幅を見えの上で広げることで、それぞれの眼にしか見えない領域の見え方を補って、見えのつじつまを合わせていると考えられる。

二次元的な画像の観察でも、T字型

接合があると同じようなつじつま合わせが自動的に働き、両眼で見える領域の幅を広げるという補正が行われるものと考えられる。この幅の補正のため、斜めの線分の高さがズレてしまい、これらの線分が整列していないように見えることがポゲンドルフ錯視を引き起こしていると考えられる。

局所的な接合部の構造が示す奥行情報が二次元的な画像の構造の見え方を変調させることで生じる錯覚もある。その一例がシェパードのテーブル板の錯視である。これは、二次元平面上では同じ平行四辺形を違う角度で示しただけなのに、テーブルの一部として描かれたときにはそれらの幅が異なって見えるという錯視である。

図2-11aでは、実際にはどちらも同じ幅の平行四辺形であるのに、左側のテーブル板として描かれている平行四辺形の方が、右側のテーブル板として描かれている平行四辺形よりも長細く見えることだろう。

図中に奥行を示すY字型接合やT字型接合があることから、それらから抽出された奥行情報に合わせて二次元的な平行四辺形が三次元空間の矩形《くけい》の構造として処理されるものと考えられる。テーブルでなくても、Y字型接合の存在により、三次元的な構造を持つこと

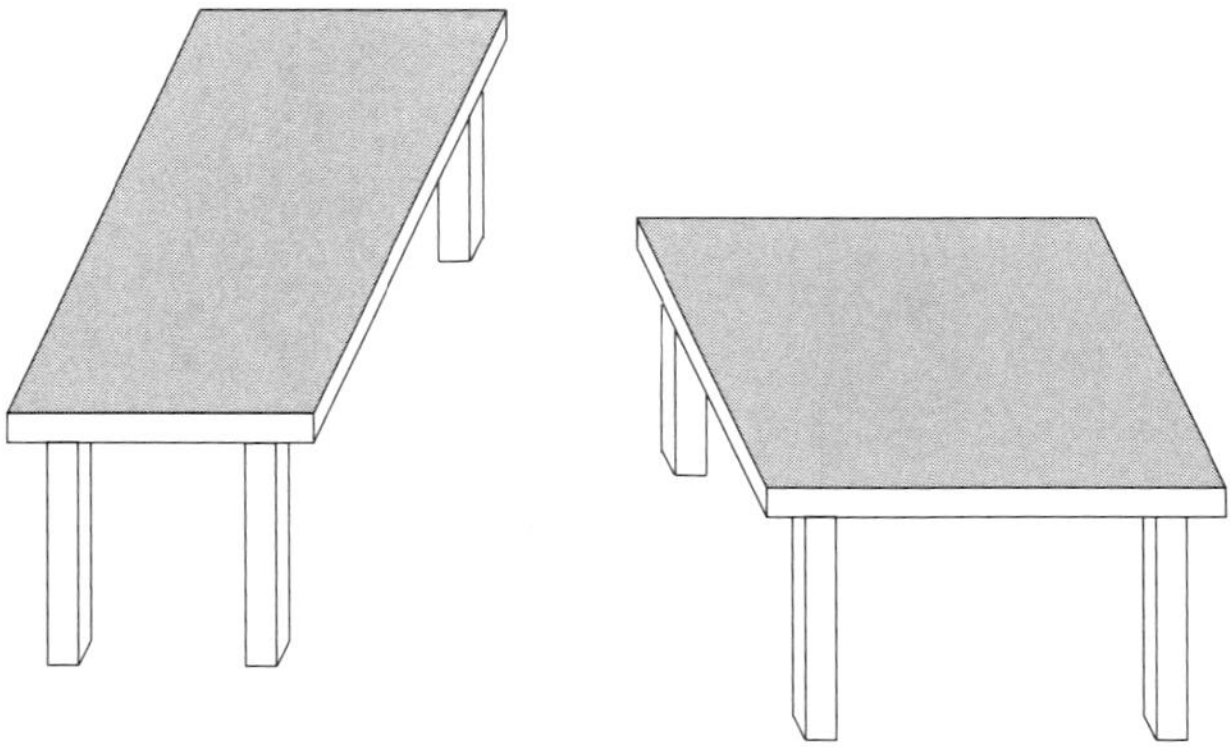

図2−11a　テーブル板の錯視
左の平行四辺形（灰色）が右側の平行四辺形（灰色）より長細く見える。

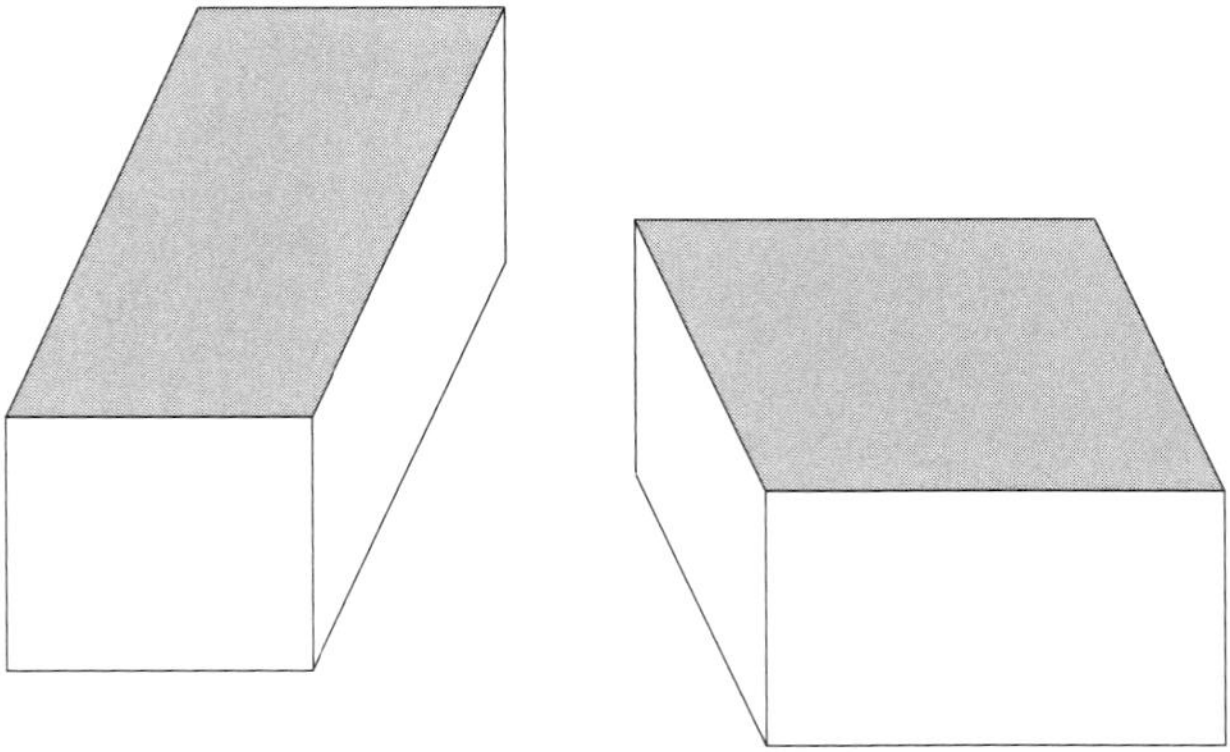

図2−11b　直方体によるテーブル板の錯視
図2−11aと同様に左の上面の平行四辺形（灰色）が右側の上面の平行四辺形（灰色）より長細く見える。

を示す図であれば同様の錯視が成立する（図2-11b）。

なお、こうした錯視の基礎にある奥行情報の処理が多くの錯視の成立に関わるとしても、これらの図形の観察において奥行の見えの成立自体はこの錯視にとっては必要条件ではないようである。実際、図1-1bを見ても、三次元的な空間の広がりを感じる読者はあまりおられないだろう。それでも図の観察で大きさの錯視が生じるということは、三次元的な空間の広がりについての情報が含まれていれば、そこから奥行についての明確な知覚が生じなくても、自動的かつ強制的に大きさの錯視が生じることを意味している。

なお、この章で紹介したさまざまな錯覚は、奥行以外の特性の操作でも錯視量が変動する。したがって、これらの錯覚がすべて二次元的な画像の知覚に奥行情報の処理過程を適用することだけで説明できるわけではない。多くの錯視、錯覚は、おそらく複数の処理過程の特性の結果として生じているのだろう。奥行情報の処理過程はそのうちで重要な特性の一つではあるものの、他の特性の影響も理解して初めて錯視現象の理解が完成されることになるのだろう。

図2−12a　不可能の三角形
実際には存在し得ないような立体的な物体の見えが成立する。

あり得ない立体が見える不可能図形

人間の視覚においては、厄介なことに、実際には存在しないような立体的な物体の見えが成立する。その例として不可能の三角形を図2−12aに示す。この図は一見立体的な三角形に見える。しかしながら、実際にはこのような立体的な三角形は存在することはできない。このように、立体的に見えたとしても立体的構造物としてはつじつまが合わない図形のことを**不可能図形**と呼ぶ。

この不可能の三角形のように見える立体的構造物を作ることはできる。図2−12bが示すように、底辺から上に伸びる辺がそれぞれ異なる方向に傾いていて、手前側の辺の先端部分の切り込みを通して奥の辺を見る場合、不可能の三角形的に見え

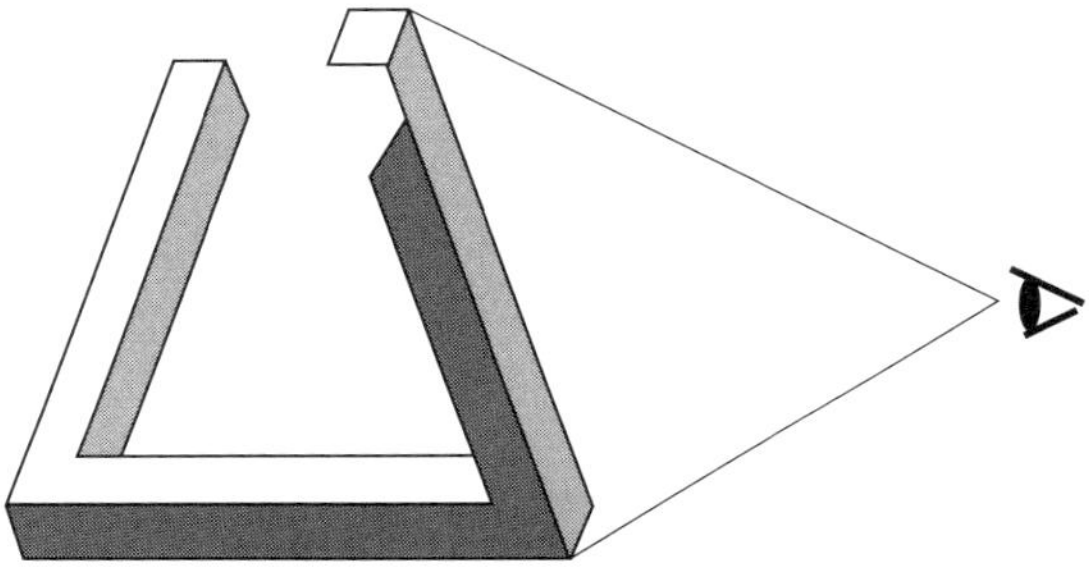

図2−12b　不可能の三角形を可能にする視点
実空間内での対象観察で「不可能の三角形」の見えが成立する視点は限られている。

る。この図が、全体的にはつじつまが合わないのに立体的構造物として見えるのは、局所的な奥行関係を示すT字型の接合構造が成立しているからである。他方、本来であれば、見えているはずのY字型の接合構造が、切り込みを通して見ることで、見えにくくなってしまう。

このようにT字型の接合構造やY字型の接合構造から奥行情報を得るという私たちの知覚システムの戦略は、図形全体のつじつまが合っていなくても、自動的に立体的な構造物の知覚を成立させる。私たちが進化の過程で獲得してきた戦略は、局所的な奥行関係の情報が得られれば、全体的な構造の整合性がなくても、立体的な構造の知覚を成立させてしまう。

不可能図形が見えるのは人間の知覚の欠陥？

不可能図形の存在は、私たちの視覚の取っている戦略に、実際には存在しないような立体的な物体の見え方が成立するという問題があることを意味している。しかしながら、このことは視覚の不完全性がこの地上での自然環境における生存にとって問題があること（つまりは致命的であること）を意味するのだろうか。

不可能の三角形のような見え方をする対象は、視点が限られている場合にのみ成立する。つまり、手前の辺の切り込みの部分と奥の辺が重なるような限られた視点からの観察でのみ、不可能の三角形の知覚が成立する。少しでも視点が左右、上下にズレると、切り込みと奥の辺とは重ならず、埋もれていたY字型接合やL字型接合が見えてしまう。

つまりは、不可能の三角形を成立させるような見え方を成立させる視点が、手前の辺の切り込みと奥の辺が重なって見えるような視点に限られていることを示している。

私たちの眼は左右に離れた位置に二つある。どちらか一方の視点から得られた画像においてT字型接合が得られていたとしても、もう一方の眼においては、視点が水平方向にズレているので、T字型接合は得られず、したがって、実際の形状として見えることになる。

さらに、仮に単眼の情報しか得られない場合であっても、通常、視点は移動することが可能である。頭部や上半身を動かすことによって、両眼で見たときと同様、T字型接合は崩れてしまい、埋もれていたY字型接合やL字型接合が現れる。したがって実際の形状として見えることになる。

観察者が取り得る多くの視点においては、不可能図形の持つ立体的構造が見誤られることはほとんどない。したがって、視点移動が可能な人間にとって、実際の生活の中で、不可能の三角形のような事態が生じる可能性はほぼないと言ってよいだろう。

このように、不可能の三角形をはじめとする不可能図形のような見えが得られるのは日常的な生活ではほとんどなく、カメラで撮られた映像のように単一の視点で撮影された場合に特徴的な事柄である。接合部の構造から立体的な情報を得るという戦略は、実空間内での観察においては、不可能の三角形のような実際にはあり得ない構造物が知覚されるという事態を引き起すことはまずない。

第3章　二次元の網膜画像が三次元に見える理由

奥行知覚の獲得

前の章では、二次元画像中の奥行の情報がいくつかの錯視の成立に関係していることを紹介した。では、そもそも実際の環境において私たちの奥行知覚はどのようにして成立しているのだろうか？　奥行の見えの成立以前に、双子の塔や道路写真の角度錯視などの錯覚を引き起す自動的な奥行情報の処理過程があるとして、それはどのようにして二次元的な網膜像から奥行や距離といった三次元の知覚を成立させているのだろうか？

奥行や距離の知覚についての研究では、奥行の知覚の成立は、さまざまな**手がかり**から の奥行情報の抽出にもとづいていると考えられている。奥行手がかりは数多く存在し、それぞれが異なる原理によって奥行知覚に貢献していると考えられている。双子の塔や道路写真の角度錯視などの成立に関わる線遠近法もそのような奥行手がかりの一つである。

奥行手がかりはすでに完全にリストアップされているわけではない。また、すでに見つかっている手がかりでも、それから奥行についての情報が得られる仕組みが解明されているわけではない。今後も有力な奥行手がかりが見つかることがあるかもしれないし、そのことによって画像を使った私たちのコミュニケーションの可能性が今よりもさらに大きく広げられることもあり得る。

奥行手がかりについて重要なことは、それを提示すれば、実際の対象の観察でなくても、線画を含む単純な画像の観察においてさえも、奥行や距離を持つ空間の知覚が成立するということである。このことを利用したのが絵画であり、映画やテレビであり、最近接する機会が増えてきた３Ｄディスプレーだ。では、どのような手がかりが平坦な画像を奥行あるものに見せることに有効なのだろうか？　以下のいくつかの節では、現在の日常生活のさまざまな場面で接点の多い手がかりを紹介しよう。

ルネサンス絵画と「線遠近法」

絵画や写真などの観察における奥行知覚の成立には、**絵画的手がかり**と呼ばれる手がかりからの奥行情報の抽出が寄与しているものと考えられている。前の章で紹介した、複数の平行線が一点に収束することにもとづく遠近法を成立させる手がかりは、**線遠近法の手がかり**と呼ばれており、絵画的手がかりの一つである。この手がかりは、対象までの観察距離に対応してその網膜像が小さくなることと対応している。

線遠近法の手がかりからは、二つの対象間の遠近関係（奥行方向）と、二つの対象間の距離の比についての情報が得られる。線遠近法の手がかりの効果は、双子の塔や道路写真の角度錯視が示すように、二次元画像の見え方にも影響することからも強力なものと言える。実際、この手がかりが提示されただけで、二次元的な画像も奥行を表現しているように見える（図3–1）。

線遠近法を用いた表現は、古代ギリシアで使用された作品が残されているものの、その

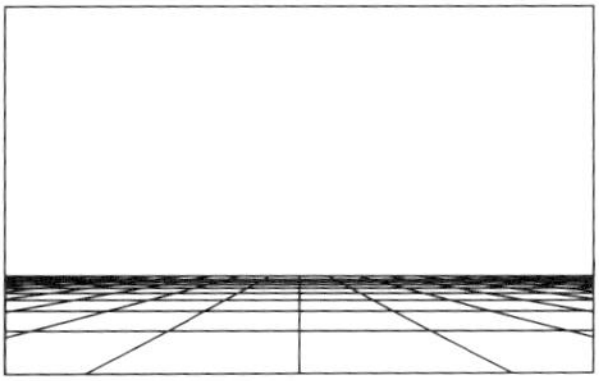

図3−1　線遠近法の手がかり
写真(左)と線画(右)の場合。

手法は定着しなかったようである。その後、西洋絵画においては長い間使われてこなかった。それが、ルネサンス期に入って西欧絵画の一般的な空間表現技法として急速に広がり、定着した。ただし、線遠近法の手がかりは、対象の奥行や距離の特性について、誤った判断が生じることがないほど十分な三次元の情報を与えてくれるわけではない。この手がかりから得られるのは、二つの対象間の遠近関係(奥行方向)と、二つの対象間の距離の比についての情報である。この比からは対象についての絶対的な距離の情報は得られない。したがって、この手がかりが提示された場合に、対象までの距離の知覚を成立させるためには、他の情報に頼ることになる。例えば、図3−1のような情報が示されたとき、私たちの視覚のシステムは安易に、地面は水平で、遠近法的な比の情報を示す放射状の線は相互に平行

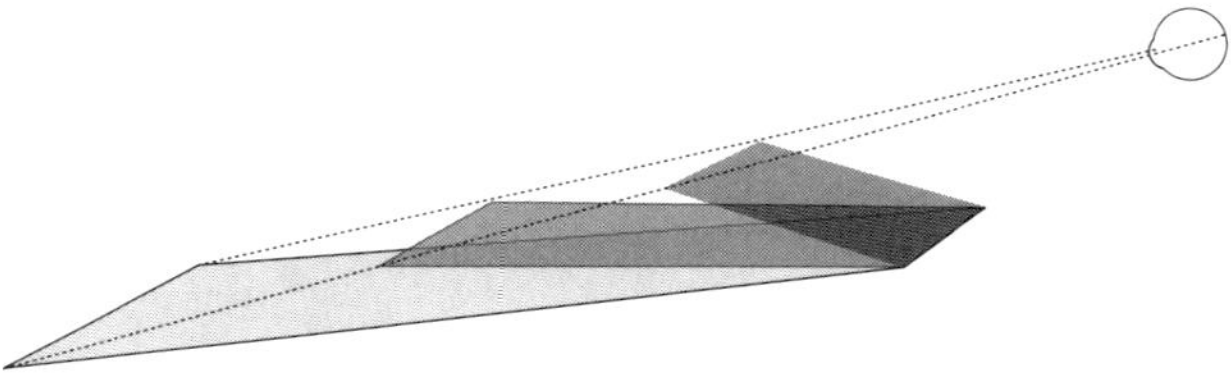

図3−2　道路の網膜像の多義性
平坦な地面上の平行な道の観察で得られる網膜像（半透明の灰色）は、下りで遠くほど広がる道（最も明るい灰色）や上りで遠くほど狭くなる道（半透明の最も暗い灰色）とも対応する。

であるという仮定を適用しやすい。確かに、このような仮定にもとづけば、線遠近法の手がかりから、対象までの絶対的距離を決定できる。

しかしながら、図3-1のような像を観察した際に、地面は水平とは限らない。もしかしたら、上り坂や下り坂かもしれない。実は、同じ画像が対応し得る地面の傾斜は無数にある。また、放射線状の線が相互に平行ではなく、幅がだんだん大きくなったり小さくなったりしている場合にも、同じ網膜像が対応し得る。

例えば、一点に収束する道路の映像の場合、道路の両側面が平行ではなく、遠くほど狭くなっていても、上り坂であれば、平坦な地面の上に平行に延びる道路の両側面と同じような網膜像が得られる（図3-2）。したがって、線遠近法の手がかりしか得られない場合、しばしば、見かけの距離や、それに対応して大きさの知覚における錯覚が生じる。

実際、この錯視は、ベルサイユ宮殿の庭園やイタリアのヴィチェンツァにあるオリンピコ劇場の舞台を実際より広く見せたり、日本では鎌倉の鶴岡《つるがおか》八幡宮の参道を実際より長く見せたりするために意図的に使われている。庭園や舞台のように視点をある程度制約できる場合、この方法は空間の広さの見えを操作する上で有効である。ただし、これらの空間を逆側の視点から見ると、実際よりもかなり狭く見えることになってしまう。

多様な絵画的手がかり

絵画的手がかりには、線遠近法以外にも、さまざまな手がかりがある。第2章で紹介したT字型接合（遮蔽）やY字型接合（立体角）などの局所的構造にもとづく手がかりもここに含まれている。その他の絵画的手がかりには、**肌理勾配**《きめこうばい》、**大きさ**、陰影、影、明るさ、**相対的高さ**、色彩などがある。私たちの視覚システムは、これらの手がかりが画像中に含まれていれば、そこから自動的に奥行情報を得ることで三次元的な空間の広がりについての知覚体験を引き起すものと考えられる。

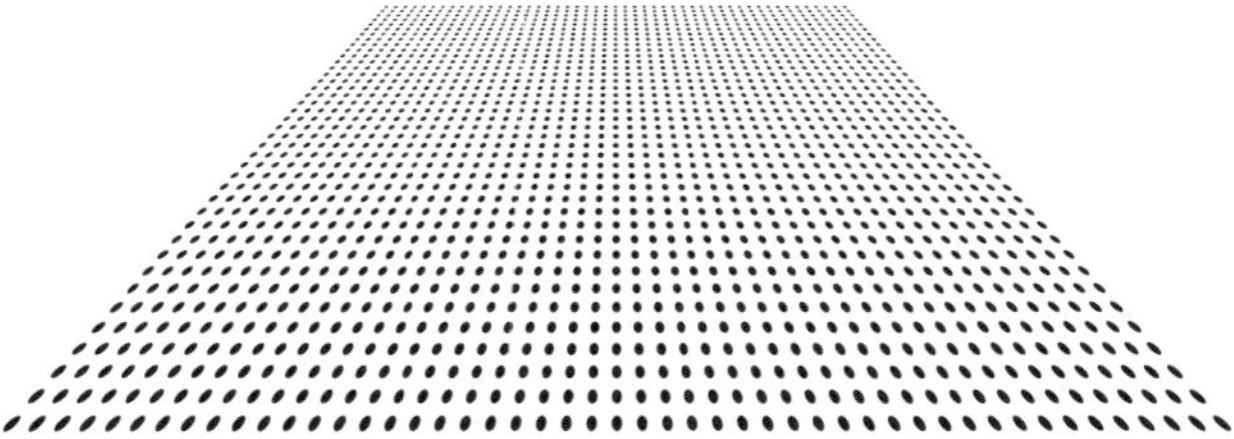

図3−3　肌理勾配の手がかり
遠くの肌理ほど細かくなる。

肌理勾配とは、網膜像のテクスチャーの大きさに関わる手がかりである。同じような大きさの物体が一様な密度で分布している面の観察などで有効である（図3−3）。この手がかりは、遠くの対象ほど網膜像が小さくなるという、線遠近法と同じ原理にもとづいている。原理が同じなので、この手がかりも線遠近法と同様に、対象間の遠近関係、距離の比についての情報源となる。また、絶対距離についての情報がないことも、線遠近法と同様である。

対象の網膜像の大きさ自体も絵画的手がかりである。つまり、小さいものほど遠く、大きいものほど近く見える。写真で撮影された風景については、画像上の大きさと距離との関係は、線遠近法や肌理勾配と同様の幾何学的な原理にもとづいて決定される。ただし、見かけの距離と大きさとは反比例関係にある。この関係を**大きさ・距離不変の原**

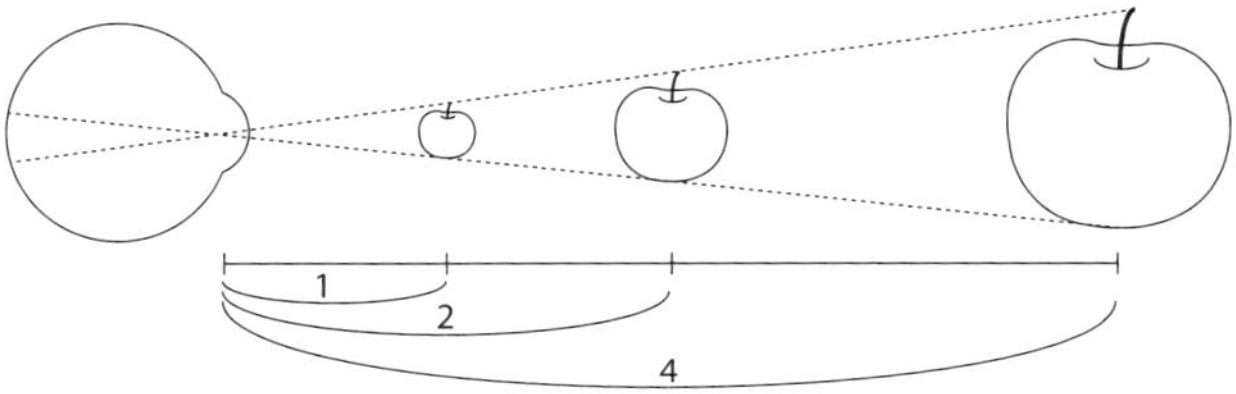

図3−4　大きさ・距離不変の原理
特定の大きさの網膜像に対応する対象は、観察距離に比例して大きくなる。

理と呼ぶ。この関係にしたがい、線画などからの観察では、線画の太さだけでもこの手がかりの情報源として奥行知覚に寄与することもある（図3−4）。

大きさに関連して、身近でよく知られた対象であれば、その大きさについての知識自体が**大きさのファミリアリティー**の手がかりとして機能する。この手がかりは、人間や車、文字など、日常生活においてしばしば接する対象について、そのもっともらしい大きさについての知識に対応して見かけの距離や奥行関係が決定されることに関連している。

知識は知覚の「正しさ」、つまりは対象の物理的特性に対応した知覚の成立を困難にすることがある。光学的には観察距離に反比例して網膜上の大きさは減少する。しかし、観察距離が変わっても、よく知られたものほど見かけの大きさの変化は小さい。刺激の物理的特性の変化と比べて知覚が変わりにくいことを恒常性と呼ぶが、距離の変化、それに対応した網膜像の大きさの変化と比べると、見かけの大きさの変化が小さいことは**大きさの恒常性**と呼ばれる。対象についての知識があれば大きさの恒常性はより顕著になり得る。

地上では、観察者と対象との間には大気が存在している。大気は多くの分子を含んでいるため、遠くの対象ほど、空気中のさまざまな分子とぶつかることによって、得られる像がぼやける。また、大気中の分子によって高波長の光ほど吸収されやすい。そのために、遠い対象ほど、得られる像を構成する光は短波長側（つまりは青方向）に偏倚《へんい》する。実際に、遠くの山などを見ると青くかすんで見えることだろう。この特性も絵画的奥行手がかりとして機能し、絵画などでも遠くのものを描くときによく使われている。観察距離に応じた、この像のかすみと短波長方向への偏倚にもとづく絵画的手がかりが**大気遠近法**である。

視野の中で相対的に上にあるものほど遠くに見える。例えば、同じ大きさの物体を縦に並べると、下の方ほど手前に見えやすい。これは相対的高さの手がかりにもとづく現象である。視野の中の相対的高さに関するこのような関係は、見下ろした地面の上に配置され

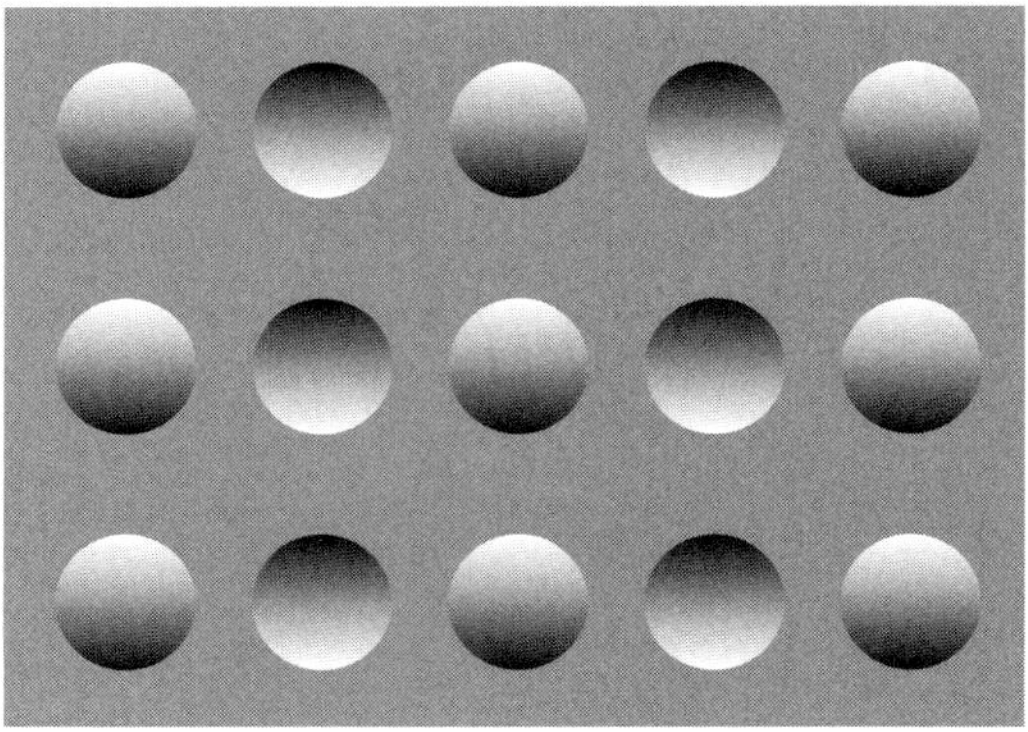

図3-5　陰影の手がかり
円形の領域内に明るさのグラデーションがあるとき、上半分が暗いと凹、明るいと凸に見える。

た対象の奥行の配置と対応している。この手がかりの成立の基礎には、見下ろした際の地面の上にある対象の観察経験が関係しているのかもしれない。

色彩も奥行知覚に影響を与える。輝度が同じである場合、赤や黄色などの長波長の色彩は、より手前の奥行位置に見えやすい。それに対し、青や緑などの短波長の色彩は、より奥の奥行位置に見えやすい。それぞれ、**進出色**、**後退色**と言われることもある。どうしてこのような見え方が成立するのかはまだ解明されていないが、赤や緑が見えない二色型の色覚タイプの観察者ではこのような傾向が失われることから、短波長や長波長の色光の光学的特性ではなく、知覚や認知における処理の特性を反映しているものと考えられる。さらに色彩については、明るいものほど近くに見えるという効果もある。

明るさの分布も奥行の手がかりになる。図3-5のように一様な背景上で閉じた領域がある場合、下方が暗ければ凸、上方が暗ければ凹に見える。このような見え方をするのは、視覚のシステムが照明の光源が上方にあり、それに対応してそれぞれの領域の奥行知覚を決めていることを示している。

車窓からの景色で体験できる「運動視差」

視点の移動に伴って生じる視野内の運動パターンから得られる手がかりに**運動視差**がある。眼の位置が移動する場合、注視している点より近い部分は視野内で視点の移動と反対方向に移動し、注視している点より遠い部分は視点の移動と同じ方向に移動する。多くの人が電車や車の窓からの景色でこの体験をしているはずだ（図3-6）。また、注視点から遠ざかるにつれ、視野内の運動はより速くなる。これらの幾何学的特性から、対象の奥行方向や奥行量についての情報が得られる。

図3−6
運動視差の手がかり
視点が移動する際、注視している点より近い対象ほど視野内で視点移動方向とは逆方向に動き、遠い対象は視点と同じ方向に動く。

この手がかりについては、観察距離についての情報さえあれば、奥行方向だけではなく、対象間の距離についても幾何学的に一義的な情報を得ることができる。しかしながら、この手がかり単独では、固視点までの絶対距離についての情報は得られない。そのため、観察距離の見積もりを間違えると、実際の奥行とは大きく隔たった見かけの奥行量が得られることになる。この運動視差は強力な奥行手がかりだが、単独では、やはり対象の奥行的特性について完全な情報を持つわけではない。

運動視差の手がかり単独で得られる奥行情報は他よりも多い。そのため、特に有効な手がかりと考えられている。カメラが移動しながら撮影した映像の観察でもこの手がかりからの奥行知覚が成立する。

また、近年のコンピューターの計算速度の向上によって、視点の移動に対応して画像を更新できるようになったため、バーチャルリアリティー空間の表示において、次の節で紹介する**両眼視差**の手がかりと組み合わせて使用されている。

二つの眼による像のズレが立体感を生む

私たちは左右に離れた位置に二つの眼を持っている。二つの眼の水平方向での位置が異なっているため、それぞれの眼で得られる画像は少しばかり異なる。この二つの眼で得られる像の間のズレは両眼視差や**両眼像差**と呼ばれており、そこから奥行情報を得ることで強い立体感が生じる。この手がかりから成立する奥行知覚のことを特に**両眼立体視**と呼ぶ。

この手がかりを使った奥行の表現はすでに一七〇年以上の歴史がある。テーマパークなどでの立体映画はすでに一般的なものとなっているが、近年、映画やテレビなどでこの手がかりを利用した奥行表現が積極的に取り入れられるようになり、私たちの生活の中で急速にその利用が広がりつつある。

3Dテレビや3D映画は、この両眼視差から成立する奥行の錯視を利用した奥行表現技術である。この両眼視差を用いた立体画像の観察で得られる印象は、「ハイパーリアル」で、他の手がかりから得られる立体感とは異なる独特の生々しさがある。その生々しさは特に強い印象を観察者に与えるため、アトラクションでの利用に多くの関心が向けられている。両眼視差の手がかりからは、観察距離についての情報さえあれば、奥行方向だけではなく、対象間の距離についても幾何学的には一義的な情報を得ることができる。このことからも、両眼視差は、運動視差と並んで、特に重要な奥行手がかりであると考えられることが多い。

ただし、この手がかりも、観察距離についての見積もりを間違えると、実際とは異なる奥行の知覚を成立させてしまう。奥行方向や対象間の相対的な奥行関係については有効な情報である両眼視差も、単独では対象の奥行について完全な情報を与えられないという点では、他の手がかりと変わらない。

「ステレオグラム」による立体感の成立

両眼視差によって奥行を示す図を**ステレオグラム**（**立体視図**）と呼ぶ。３Ｄテレビや３

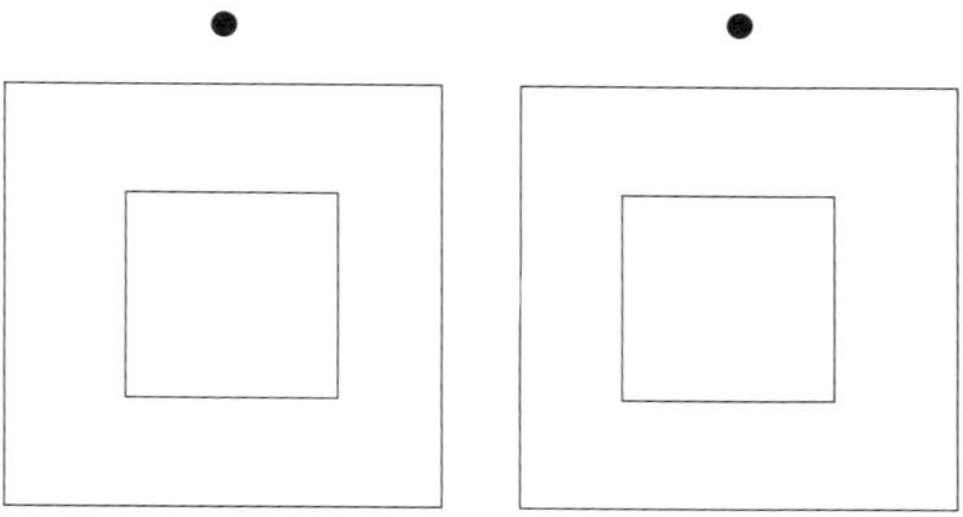

図3−7　線画ステレオグラム
両眼観察で上部の点が1つに見えるようにすると、両眼視差手がかりが得られる。左の画像を左眼、右の画像を右眼で見ると、中央の正方形が紙面から浮き出て見える。

D映画などの画像も動的ステレオグラムと呼ぶことができる。

静止画を用いたものに限っても、さまざまなタイプのステレオグラムがある。歴史上、最初に作られたステレオグラムは物理学者のホイートストンが一八三二年に線画により構成した**線画ステレオグラム**である（図3−7）。

彼は、両眼に異なる網膜像が投影されるのに単一の見えが成立する仕組みを研究していた。線画でも実物の観察と同様の単一視が生じるのか調べるために、いくつかのオブジェクトをそれぞれの眼で観察した際に得られる網膜像と同様の輪郭を示す線画を作成し、それを観察した。そして、線画の観察でも実物を観察した際と同じように単一視が生じること、

図3−8　ランダム・ドット・ステレオグラム
両眼観察で上部の点が1つに見えるようにすると、両眼視差手がかりが得られる。左の画像を左眼、右の画像を右眼で見ると、中央にある正方形が紙面から浮き出て見える。

それだけではなく、線画の観察なのにあたかも実物を見ているときに得られるようなリアルな奥行感が得られることを発見した。両眼立体視の発見は偶然の産物だったのである。

線画ステレオグラムでは、遠近法やさまざまな接合部の構造などの手がかりからも奥行情報を得ることができた。両眼視差が単独で有力な奥行手がかりであることを示したのはユレシュによる**ランダム・ドット・ステレオグラム**（RDS　図3-8）である。これは、ランダムに配列されたドットからなるステレオグラムである。

一方の眼に提示されるドットの配列に対し、もう一方の眼に提示される配列の一部を水平方向にずらすことで作成できる。このずらされた部分が他の部分から浮き上がったり沈んだりして見えることになる。

ＲＤＳでは、左右眼のドットの配列の違いが規定する奥行と対応する遠近法や、接合部構造などの絵画的奥行手がかりが含まれない。そのため、両眼の画像が融合されて初めて両眼視差手がかりが得られ、奥行知覚が成立する。両眼融合しないと両眼視差が規定する奥行についての情報が得られない点は、線画ステレオグラムとの重要な違いである。ＲＤＳは、両眼視差単独でもさまざまな奥行を表現できることを示している。

１枚の画像が立体に見える「オートステレオグラム」

通常のステレオグラムは、右眼用と左眼用の画像を組み合わせたものである。しかし、工夫すると、１枚の画像で両眼視差を提示できる。最も有名で多用されている例がタイラーの提案した**オートステレオグラム**（図3-9）である。この図形では、ランダム・ドットなどのエレメントのパターンを周期的にし、それらの間に水平方向のズレを加えてある。右眼と左眼で見る点を１周期ずらすと、右眼の画像と左眼の画像との間にズレが生じ、それが両眼視差となる。画像のずらし方を変えることでさまざまな奥行のパターンを提示す

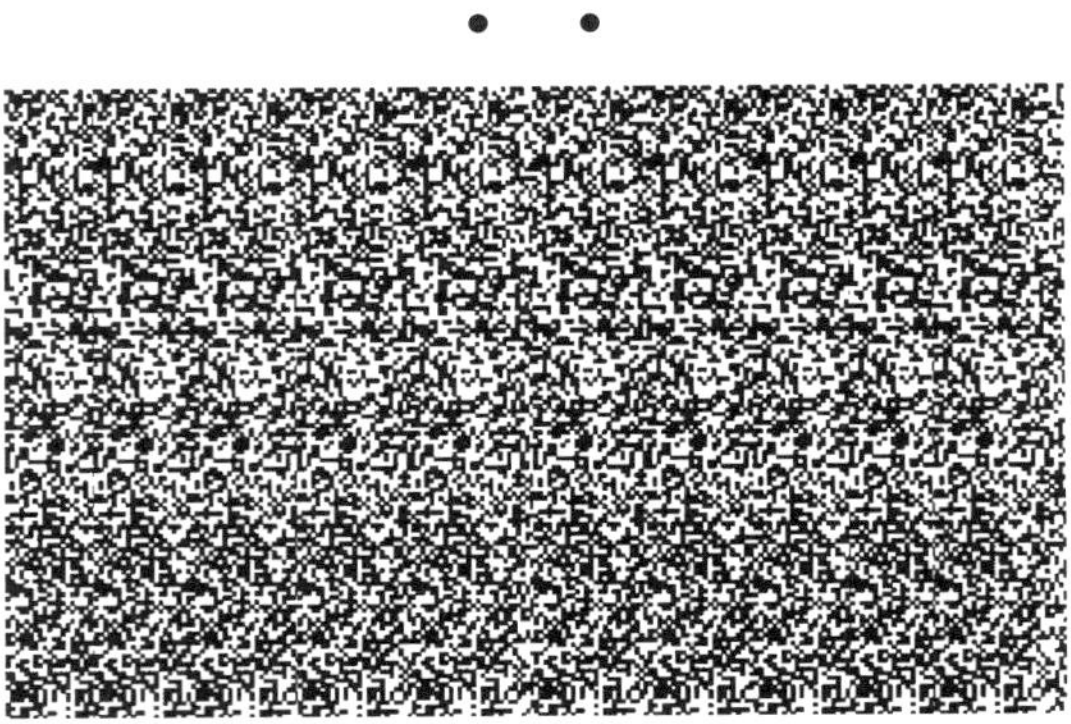

図3-9　オートステレオグラム
両眼観察で上部の点が1つに見えるようにすると、両眼視差手がかりが得られる。左の点を右眼、右の点を左眼で見ると、中央部が盛り上がって見える。

ることが可能だ。このステレオグラムは、最近ではクイズなどでもおなじみで、また書籍でも紹介され、話題になった。

両眼の画像の周期性を利用したものに**階段錯視**がある。これは、周期的な配列（図3-10）を視点を下げて観察したときに生じる両眼間のズレにもとづくものである（図3-11）。複雑な奥行のパターンを提示することはできないが、観察が簡単なので、大学の講義などで両眼視差からの奥行知覚を説明するのに便利である。

図3-10の観察からは、周期パターンの観察では、同一の要素が両眼間で融合されにくいということが分かる。このことが引

図3−10　周期的なドット配列
少し見下ろす角度で約20センチの距離から観察すると階段錯視が生じる。真正面から観察すると、やがて両眼視が不安定になり、観察距離も分かりにくくなる壁紙錯視が生じる。

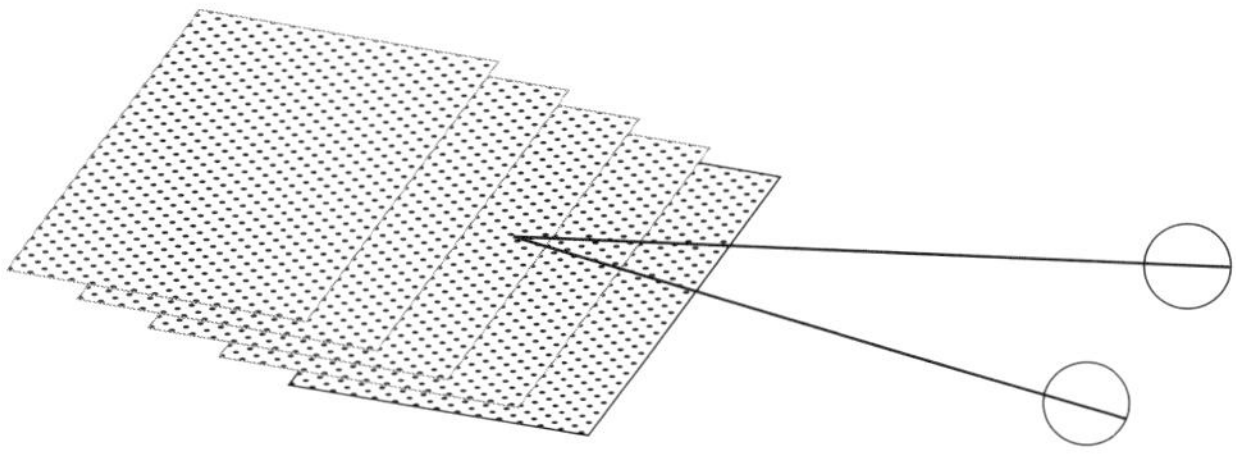

図3−11　階段錯視の見え方
等間隔で並ぶ多数のドットの描かれた紙面を少し見下ろす角度で視点を低くして観察すると、数段階の階段が見える。

き起す錯視に**壁紙錯視**がある。図3−10を正面から観察しながら「寄り目」にしたり、図の表面よりも遠くを見るように視線を平行に近くしたりすると、右眼と左眼とで異なる点が対応づけられやすくなる。実際とは異なる両眼間の対応が成立すると、距離感が変化したり、目眩《めまい》を感じたりしやすい。日常生活の中でも周期的なパターンからなる壁紙などを見たときに生じやすい錯視である。

両眼の網膜像の間のズレは、周期性のあるパターンでなくても生じる。両眼の画像の異なる部分が融合すればよいのである。このことを利用したものに光藤《みつどう》らの手法がある（図3−12）。彼らは、曲線で構成した画像を、角度をつけて観察することで、曲線の中で少しずつズレた部位が両眼間で対応づけられ

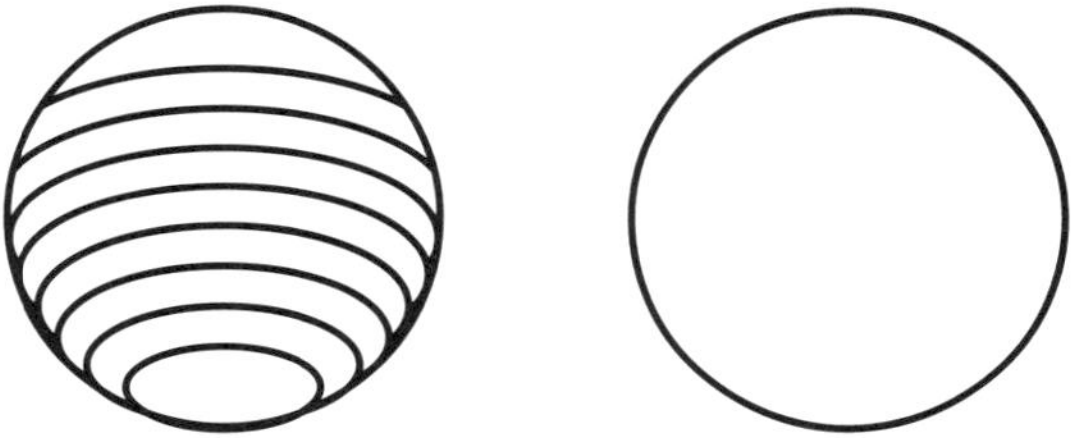

図3−12　1枚で両眼視差による奥行知覚を生じる図
顔を正面に向けたまま黒目を下げて見下ろすようにしてこれらの画像を観察すると、左側の図は中央部が盛り上がって見える。右側の図は円の上側が紙面より手前、下側が紙面より奥に見える。

ることを利用した。平坦な紙の上に印刷されたものであるにもかかわらず、角度をつけて観察すると、出っ張っているように見させることもできる。

複数の奥行情報の組み合わせ

ここまで見てきたように、いくつもある奥行の手がかりではあるが、それぞれから知覚のシステムが取り出すことのできる奥行情報には質的な違いがある。遠近関係についてのみ情報を示す遮蔽（あるいはT字型接合）や陰影、遠近関係に加えて二つの地点までの距離の比についての情報を示す線遠近法や肌理勾配、遠近関係だけではなく、二つの点の間の相対的奥行についての情報を示す運動視差や両眼視差などについては、それぞれの手がかりによって、知覚系が得られる奥行情報が異なっている。また、それぞれの手がかり単独では、幾何学的にも対象の奥行を決定することができない。

どの単独の手がかりでも十分な奥行情報が得られない。そのため、複数の手がかりからの情報を組み合わせて、対象の奥行や距離についての知覚を成立させる戦略を知覚のシステムがとったのだろう。実際、複数の手がかりを組み合わせることで、奥行の知覚の感度が上昇したり、奥行の知覚が安定したりする。

すでに述べたように、視点の移動に伴う運動視差は、不可能の三角形のような不可能図形の見えを破綻《はたん》させる上でも有効となる。視点の移動に伴って運動視差手がかりが成立するるだけではなく、見かけ上成立しているT字型接合が崩れる。また、視点の移動に対応して見えの構造が変動すると、Y字型接合を構成する線が作る角度が各眼において異なることで、両眼視差手がかりも成立する。運動視差や両眼視差がゼロである場合、それは観察対象が平坦なものであるか、あるいは視点の移動距離や両眼間の距離と比較して、観察距離がとても長いことを意味する。実際にはどちらが正しいのかは、水晶体調節や両眼輻輳《ふくそう》（近くを見るときには両眼が寄り目になり、遠くを見るときには両眼の視線が平行に近くなるような両眼の動きのこと）の手がかりなどから観察距離についての情報が得られれば解決できる。ただし、このような複数の手がかりを用いて奥行知覚を成立させるという戦略は、３Ｄテレビなどを使って立体的な映像を提示する際に問題を生じる。

両眼視差からの奥行知覚と大きさの手がかり

ランダム・ドット・ステレオグラムでは、両眼視差が規定する奥行と対応する他の手がかりは存在しない。しかしながら、ランダム・ドット・ステレオグラムに両眼視差以外の奥行手がかりがないわけではない。例えば、ランダム・ドット・ステレオグラムを構成するドットの大きさから奥行情報が得られる。つまり、大きさ手がかりからは、ドットが大きい領域はドットが小さい領域よりも近いという情報が得られる。ところが、ランダム・ドット・ステレオグラムではドットの大きさがすべて同じである。大きさの手がかりは、面が平坦であるという情報を示すことになる。

複雑なことに、物理的には同じ大きさの画像が両眼視差によって異なる奥行位置に見えたとき、奥行の知覚だけではなく、大きさの知覚も影響を受ける。例えば、図3−13は2

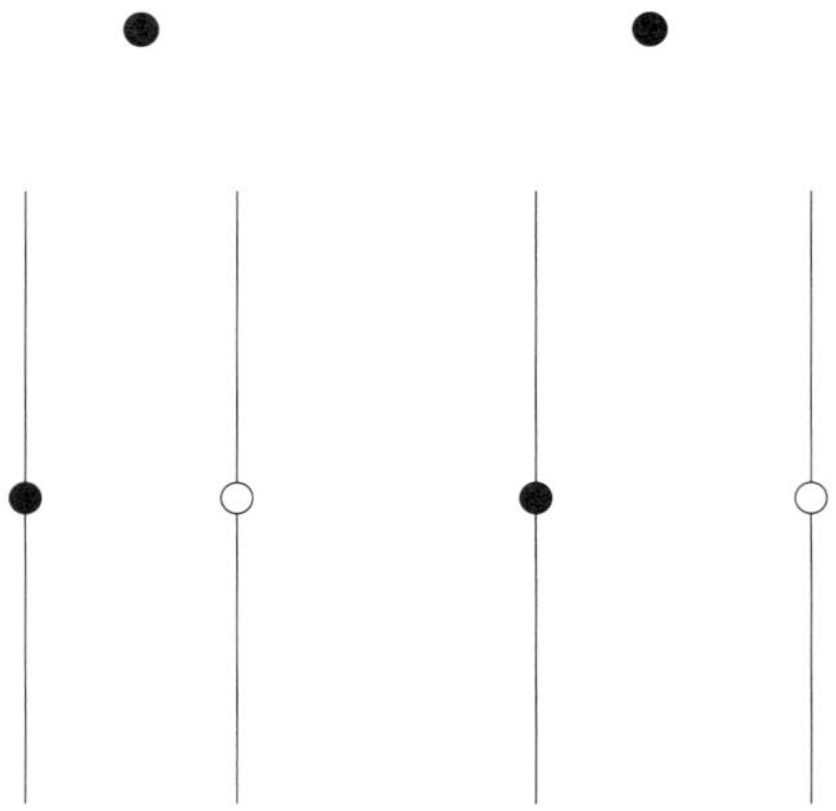

図3−13　線画ステレオグラムにおける大きさ手がかり
両眼観察で上部の点が1つに見えるようにすると、左右の線の間に両眼視差手がかりが得られる。奥行が見えた際、近くに見えた線ほど短く見える。左側を左眼、右側を右眼で見た場合、黒丸がついた線が手前に見え、白丸がついた線よりも短く見える。

本の線分からなるステレオグラムである。

　左右の画像をそれぞれ左眼と右眼で観察した場合（このような両眼融合のさせ方を**平行法**と呼ぶ）、両眼視差は左側の線分が右側の線分より手前にあるという情報を示す。左右の画像をそれぞれ右眼と左眼で見た場合（このような両眼融合のさせ方を**交差法**と呼ぶ）、両眼視差は右側の線分が左側の線分より手前であるという情報を示す。

　実は、このとき、両眼視差によってより手前に見えた線分は、他方よりも短くて細い線分に見える。視野の上で同じ大きさであるから、より近い方がより短くて細く、より遠い方がより長くて太く見えるというのは、見かけの距離と大きさとの反比例関係にもとづくという前出の

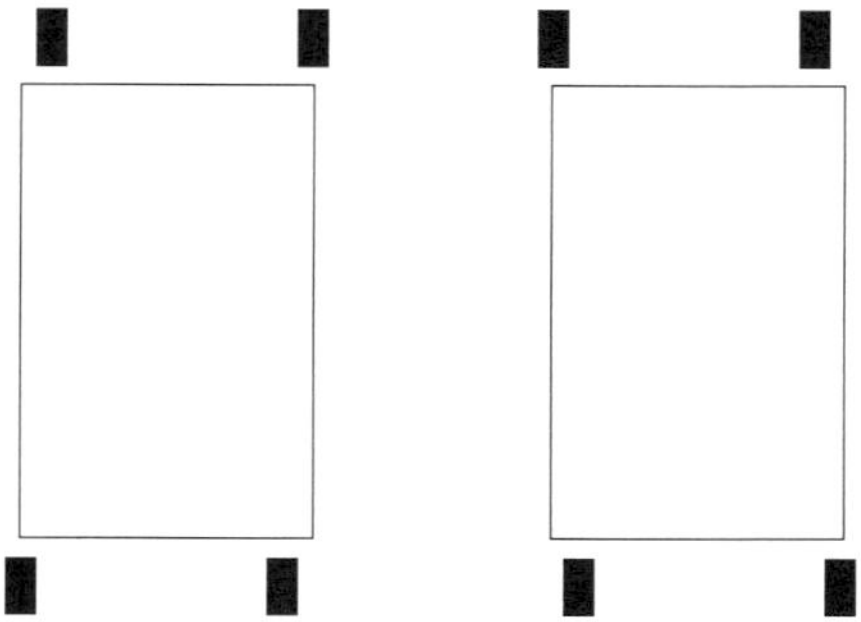

図3−14　両眼視差コントラストを生じるステレオグラム
両眼視差を持つのは黒い長方形のみであるが、この図を両眼観察すると、視差コントラストにより真ん中の大きな白い長方形が奥行方向に傾いて見える。

大きさ・距離不変の原理に対応している。

見かけの奥行は過小評価されやすい

両眼視差は平面画像を使って奥行の知覚を成立させるのに有用な手がかりである。ただし、両眼視差を提示すれば、誰でも平面画像を立体的に見るわけではない。両眼視差の手がかりは幾何学的な規則に基づいて対象の奥行と対応している。しかしながら、両眼視差の手がかりを示す画像の観察では、その両眼視差が規定する奥行が見えるわけではない。

両眼視差からの奥行の知覚は、視野内の両眼視差の絶対的な大きさによって決められるのではなく、むしろそれぞれの部位の示す両眼視差の間の相対的な関係によって決められる。そのため、視野内のある領域において絶対的な両眼視差では平坦な面を示していたとしても、その周囲に両眼視差を示す部位があると、コントラスト現象によって、傾いて見えやすい（図3－14）。

静止画像でも動画像でも、提示された両眼視差の大きさと比較すると、知覚される奥行量は過小評価されやすい。視差の大きさほど見かけの奥行量が増えないということはスティーブンスの法則とも対応している。見かけの奥行の過小評価は、対象間の奥行についても認められるが、特に、対象内の奥行についての過小視の程度が大きい。例えば、人物を提示した場合、実際よりも扁平《へんぺい》に見えやすい。この現象は**書き割り効果**と呼ばれる。

さらに、線画ステレオグラムでもランダム・ドット・ステレオグラムでも、大きさ・距離不変の原理にもとづいて、両眼視差が示す奥行方向と対応して、より近くに見えた領域では要素が小さく、遠くに見えた領域の要素は大きく見える。このとき、両眼視差よりも大きさの手がかりを重視する観察者は、大きさの手がかりにしたがって、大きな要素が見える領域を近く、小さな要素が見える領域を遠くに見てしまい、両眼視差とは逆の奥行方向が見えることになる。

両眼視差で奥行を感じない「ステレオアノマリー」

両眼視差の手がかりに対応した奥行方向の知覚が成立しにくい個人特性として、両眼視差が幾何学的に対応する奥行の知覚が成立しにくい人がいることはもっと知られるべきことだろう。このような知覚の特性は**ステレオアノマリー**と呼ばれている。

ステレオアノマリーには複数のタイプがある。まずは、どのような視差からも明確な奥行が見えないタイプである。その他、凸の奥行を示す両眼視差から奥行知覚を成立させることが不得意なタイプ、凹の奥行を示す両眼視差から奥行知覚を成立させることが不得意なタイプ、平坦な奥行を示す両眼視差から奥行知覚を成立させることが不得意なタイプがある。すべてのタイプを合わせるとステレオアノマリーは全体の30パーセント程度の数になるという報告もある。その中には幼少の頃から左右眼の視力に大きな違いがあった人や、斜視であった人たちが多く含まれていた。これらのことから、幼少期に両眼に適切な刺激が加えられなかったことが、両眼視差の情報を奥行に変換する処理系の発達を損ねることでステレオアノマリーが生じた可能性が指摘されている。

両眼視差手がかりは幾何学的には対象の奥行と一義的に対応しているし、その観察からリアルな奥行の見えを成立させることができる。しかしながら、ここまでの二つの節で紹介してきたように、見かけの奥行は必ずしも両眼視差と対応していない。また、両眼視差と対応した奥行知覚が成立するのが困難な人が少なからずいる。両眼視差は、いくつもある奥行手がかりのうちの一つであり、それだけで十分な奥行の見えの操作ができるわけではない。

書き割り効果による扁平な奥行の見え方を抑え、両眼視差が示す奥行とは一致しない奥行知覚の成立を避けるためには、まずは両眼視差とその観察で生じる奥行感との関係を理解しておくことが必要だろう。ただし、それだけではなく、両眼視差やそれ以外の手がかりそれぞれが奥行感を強調する条件も理解し、その条件を積極的に利用すべきである。

2Dテレビを3Dテレビにする方法

家庭用のテレビの多くは両眼視差を提示する3Dテレビではなく、まだ「2Dテレビ」だろう。実は、通常の2Dテレビの観察から強い立体的な知覚を成立させる方法がある。

単眼観察するのである。特に、画素が微細なハイビジョンのディスプレーを単眼で観察すると、強い奥行を感じる。片眼を閉じることにより、画像が平坦であることを示す両眼視差の手がかりがなくなり、多くの単眼的手がかりが示す奥行が見えやすくなるためだ。特に、画像撮影時のカメラが左右や上下に移動するような映像には運動視差手がかりも含まれるので、単眼でも十分にリアルな3Dの知覚が成立する。

両眼視差を用いた3Dディスプレーの普及のためには、両眼視差を提示すればリアルな奥行が見えることをアピールするだけではなく、むしろ、3Dディスプレーでの観察で強い感動を引き起す画像表現や、3Dディスプレーでなくてはできない画像表現や演出を見出すことが必要であるように思う。

3D映像の可能性

絵画や通常のテレビ、映画などでは、絵画的手がかりや両眼視差の手がかりを操作することで平坦な画像を立体的に見せている。さらに、両眼視差手がかりを用いた3Dテレビなどにより、さらに強い奥行の印象を成立させることが可能になっている。しかしながら、そうした3D映像の観察で実際に見える奥行は、それぞれの観察者の視覚系が、各手がかりをどの程度重視しているかによって変わることは、もっと広く知られるべきだろう。

画像の提示によってどの観察者にも思った通りの空間的広がりを体験させたいのであれば、奥行知覚の個人差がどのようにして生じているのかについての理解を深める必要がある。実際のところ、同じ画像を使って、どの観察者にも通用するような奥行知覚の操作を行うことは簡単ではない。両眼視差からの奥行知覚に個人差が大きいことを考えると、むしろ、個人特性を理解した上で、3D映像提示装置をカスタマイズすることが有効だろう。

両眼視差の手がかりには、リアルな奥行感を表現するだけではなく、画像の特定の印象を強調する効果がある。著者と共同研究者の遠矢は、線画ステレオグラムやランダム・ドット・ステレオグラムとともに、風景などを描いたCGを用いて両眼視差手がかりを提示し、画像観察で生じる印象を調べる実験を実施した。提示された奥行面が2面だけのときは、画像の観察で生じる快適感は、中程度の大きさの両眼視差で頭打ちとなるのに対し、奥行面を6面にしたときは、両眼視差が大きくなるほど強い快適感が生じた。また、元の画像が強い静的印象を引き起すものであった場合を除いて、大きな両眼視差ほど強い活動感を生じることが分かった。こうした結果は、両眼視差を用いた3D映像では、通常の2D映像より強い快適感と活動感を表現できることを示している。

両眼視差を用いた3D映像によって「正しい」奥行の知覚を表現するにはまだハードルが多い。しかしながら、そのことを差し置いても、3D映像を用いて快適感や活動感などの印象を強調できる。両眼視差を用いてこそできる印象の操作や演出のためのノウハウが開発されれば、3D映像の新たな展開の可能性も見えてくるだろう。

また、手がかり間の不一致などから来る疲労を回避する技術開発がなされれば、より長い時間、例えば3D映画などの映像を快適に観察できるようになる。そうすれば、3D映像を用いた印象の操作の幅がさらに広がることだろう。

第4章　地平線の月はなぜ大きく見えるのか

どうして錯覚が存在しているのか

ここまで幾何学的錯視や奥行知覚を中心に錯視の特性を解説してきた。この章では、錯覚や錯視が存在する理由について簡単に整理しようと思う。

どうして錯覚が存在しているのだろう？　まず考えられるのは、錯覚や錯視、あるいはその成立の基礎にある私たちの知覚情報処理過程の特性は、長い進化の過程で獲得されてきたということである。前章で紹介した、奥行手がかりの利用も、進化の過程で人間を含む生物種がとってきた戦略と考えられる。

このような考え方の基礎には進化論がある。進化論的な論理にもとづくと、数十億年という長い期間にわたって、この地上の環境における適応という試験をパスしてきた者のみが現在も生存していることになる。つまり、環境に対する適応の結果獲得されたのが現在存在している私たちの知覚認知過程とするのだ。物理的な特性とは乖離した体験が成立するとしても、その過程にはそうだからこそ生き残ることができた何らかの合理性があるものと考えられる。

画像観察における錯視の成立

第2章では、奥行手がかりから得られた三次元的な情報に合わせて、二次元的で平坦な画像の中の角度や大きさが歪められることで錯視が生じることを紹介した。錯視は、見間違いが生じることでもあるので、視覚がこのような特性を持っていることは不都合なことだと思われる読者もいるかもしれない。

しかしながら、このような錯視は、画像の観察において初めて見つかるもので、その基礎には進化の過程で獲得されてきた合理的な処理過程があることを改めて指摘しておきたい。画像はもともと自然界にあったものではなく、人間が創《つく》り出したものなのである。

現在見つかっている現生人類による最古の絵画は三万二〇〇〇年ほど前に描かれた南仏ショーベの洞窟《どうくつ》壁画である。そこには馬や牛、サイ、人間など数百の動物が描かれている。写真などで紹介されたものを見ると、かなり写実的に見えるものもある。折り重なるように描かれた動物の絵からは、第2章で紹介したT字型接合（遮蔽）やその他の奥行手がかりの利用により四肢の間や動物の間の奥行が表現されている。

南欧には他にも北スペインのアルタミラ洞窟壁画（一万八五〇〇年～一万三〇〇〇年前）や、南仏のラスコー洞窟壁画（一万五〇〇〇年前）などがある。いずれも、生き生きとした動物が数多く描かれており、やはりT字型接合などの奥行の手がかりが用いられている。

このように、人間は三万年前にはおおよそ平らな表面の上に、今見ても動物と分かる画像を描いていた。ネアンデルタール人の絶滅がおおよそ三万年前だが、すでにその時期には現世人類の祖先は画像を用いたコミュニケーションを行っていたものと考えられる。ヒト（ホモ・サピエンス）の出現はおよそ二五万年前と考えられているので、出現から一〇分の一以上の期間にわたって画像を描くことによるコミュニケーションを行っていると言えるだろう。

人間以外の生物は、画像を用いたコミュニケーションは行わない。自然な環境の中で自発的に地面や岩肌などの表面に何かを描き、それを用いた情報伝達を行う動物はこれまでのところ人間以外には確認されていない。画像を描き、それが何か具体的な対象の表現であることを見て取り、そこに空間的な奥行構造を見て取ることは人間という種の持つ特性と言える。動物園のチンパンジーや象などが曲芸で絵を描くことはある。ただし、それは訓練の成果だろう。また、訓練を通して絵を描くようになった動物についても、絵を描いた当の動物自身がその画像を具体的な物体の表現として認識しているのか、画像の中に奥行的構造を見ているのかは不確かである。

これまでの生物史上、自発的に二次元的な画像を作成し、その観察で奥行構造を見る生物は、人間以外はほとんどいなかったであろう。また、人間にとっても、画像を使ったコミュニケーションが行われる以前は、二次元的で平坦な画像の中に含まれる奥行情報によって生じるような幾何学的錯視を体験することはほとんどなかっただろう。

二次元的な網膜像の限界

実際の環境の中で対象を観察する際、私たちの視覚系は、その観察で得られる奥行の手がかりから、知識や経験にアクセスすることもなく、すぐに空間的広がりの情報を得て、それによって視野の中の大きさや角度の見え方を自動的に調整する。この戦略にもとづいて、私たちの視知覚系は致命的な大間違いをすることはない。私たちの知覚の過程が用いている戦略は、少なくとも実空間内での知覚に関しては、有効な処理を実現していると言えるだろう。奥行の手がかりが引き起す二次元的画像の観察における大きさや角度の錯視は、画像の観察というコミュニケーション手段が成立して初めて体験可能になるものだったとしたら、これまでの進化の過程において、私たちは知覚の処理特性による生存上の不利益を受けることはほとんどなかったものと思われる。

前章でも紹介したように、ある網膜像は、無数の三次元的な対象と対応可能である（図4-1）。私たちは通常、この二次元的な網膜像から三次元的な表象を得ている。前の章で紹介したさまざまな奥行手がかりも、どれ一つとして単独では奥行の方向、奥行の量、絶

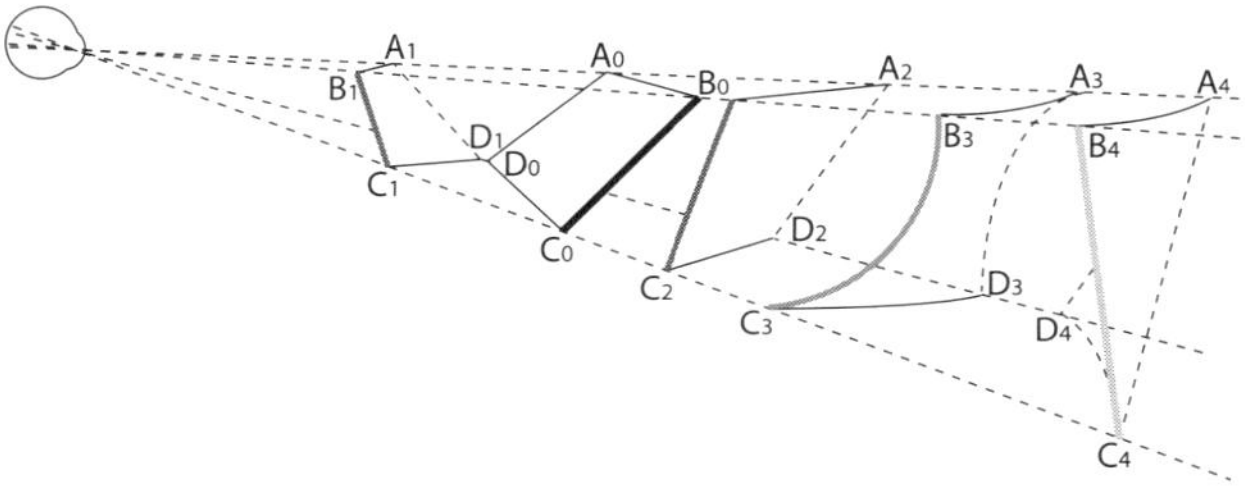

図4−1　網膜像の多義性
ある物体を観察した際に得られる網膜像は、その他の無数の対象とも対応可能である。そのため、網膜像だけでは観察対象の形状や観察距離などは特定できない。

対距離についての情報を得ることはできない。処理の対象となっている網膜像には、対象の三次元的特性についての十分な情報は含まれていないのだから、間違えることがあるのは当然なのだ。

ところが、私たちの日常生活を振り返っても、普段の経験では奥行の知覚で不都合が生じることはほとんどないだろう。このことは、私たちの知覚認知過程は二次元の情報から三次元の表象を作り出すという、「正しく解けない問題」をそれほど大きく間違えずに解いていることを示している。しかも、解決が難しい問題であるにもかかわらず、解を得るまでの時間は非常に短い。

生存のためには、何でも「正しく」見えればよいわけではない。たとえ正確さが犠牲にされて、全体的な構造としては破綻しているような見えが得られたり錯覚が生じたりしたとしても、生存にとって十分な特性さえ見間違えず、大雑把な構造的特性の情報が得られれば生き残っていける。逆に、時間や労力のコストをかけて錯覚が生じないようにする戦略は、そもそも解にたどり着くのが困難である上、生存における合理性に欠けるのかもしれない。このように、「正しく」なくても、大間違いしない程度の解を素早く得るという特性は、立体の知覚に限られたことではない。形状や大きさ、運動などさまざまな知覚の領域で対象の特性にそこそこ対応した知覚が素早く成立する。

錯視が顕在化するとき

さまざまな錯覚は、これまでの進化の過程で接する機会が少ない対象や、生存の可能性に直接影響がないような対象の観察で生じやすい。例えば、大きさや角度などの空間的特性に関する錯視は、進化の過程での自然環境の中で接することがないような構図の幾何学図形の観察で生じやすい。平面上に描画された幾何学的錯視図形や不可能図形などは、そうした図形の典型例である。

第2章で紹介した写真に関する錯視も、写真が発明される以前には成立しなかった。平面的な写真を観察する際に、写真の中に含まれる奥行についての情報が、平坦な画像についての見えに影響したのだろう。つまりは、これらの写真観察で生じる錯視は、進化の過程で獲得された、立体を見るための仕組みが、平坦な画像の観察に誤って適用されたことで生じたのだろう。このような錯覚は、画像を使ったコミュニケーションが成立して初めて生じた現象と言える。

地平線の月はなぜ大きく見えるのか

実空間にある対象も錯視を引き起す。紀元前から記述があり、古くから知られていたと考えられる錯視に、太陽や月が地平近くにあるときの方が天頂近くにあるときに比べると大きく見えるという現象がある。星座についても太陽や月と同じように地平近くで大きく見えるので、こうした現象を総称して**天体錯視**と呼んでいる。ただし、やはり暗い空に浮かび上がる月が特に印象が強いためか、天体を代表して**月の錯視**と呼ばれることが多い。

地平近くの天体は厚い空気の層を通して観察するため、空気がレンズの役割を果たしているとする説も過去にはあったが、地平近くと天頂近くとでは天体の像としての大きさは変わらない（対象の網膜像の大きさを**視角**とし表現すると、月と太陽はどちらも視角約1度となる）。地平近くの天体が大きく見えるのは物理的現象ではなく、知覚の処理特性により生じる現象なのだ。これまでの研究で天体錯視の成立に関わる複数の要因が列挙されている。その中でも特に強力なのは視覚空間の構造の要因である。実は、私たちの視覚的空間は、天頂までの高さ（垂直方向）よりも地面の上（水平方向）でより大きく広がる扁平構造をしている。距離知覚の基礎にある心的物差しの目盛が、地面の上ではまばらで、垂直方向では密になっているのである。このような特性は、垂直水平錯視の成立にも関わっていると考えられている。

方向によってこのように距離感の違いが生じる理由はよく分かっていない。人間という生物種の身体移動は主に地表に沿ったものであり、重力方向での移動の幅が小さかったことが、視覚的空間の異方性を生じたのかもしれない。

なお、紙の上に描かれた天体画像でも、地平や天頂近くに見せる背景があると、天体錯視が生じる。このことは、実空間内ではなくても、空間的な広がりを感じると地平近くの対象の方が大きく見える錯視があることを示している。また、上を見上げることで起る首の筋肉や眼筋の緊張が大きさの過小視を生じる。視空間の歪み以外の要因の効果も無視できない。

画像のように新しい刺激ではなく、実空間内での観察でも錯覚が生じるのはなぜだろう?

各要因は天体以外の対象の観察にも影響しているのだろうが、天体は距離や大きさが極端なため、錯視が顕著に生じるのだろう。重要なのは、天体錯視が存在していても生存に直接的に影響を及ぼさないということだ。視空間が水平方向に広がる扁平な構造だとしても、そのことによって生じる大きさや距離の錯視は手を伸ばしたり歩いたりする空間的領域で不都合を生じることはほとんどない。従来の生活環境での生存に直接支障を来さないような現象は、おそらくは、そのような処理を行うことの利点の方が見誤りのリスクに勝るので、維持されたのだろう。

さまざまな錯覚、錯視は、生存にとって十分な程度に正確な処理を可能にするために獲得された知覚や認知のシステムの齟齬《そご》が、自然な環境ではごくまれに偶然成立する、慣れない状況での観察や、生存に直接関係ない対象の観察で顕在化する現象と見ることができるように思う。

進化の過程で私たちの知覚の獲得してきた特性は、生存のためには十分な合理性を持っているはずである。その誤りが顕在化するのは、生存にとってはほとんど影響がない観察条件、進化の過程ではほとんど経験することがなかった観察条件、あるいは、最近になって新たに私たちが生活に取り入れた観察条件であると言えるかもしれない。

なお、この節で紹介した考え方は、あくまでも進化論にもとづく推論である。進化の過程で起ったことが不明なので、検証可能な仮説とは言えない。反証可能性のない仮説は科学的仮説とは言えないという科学哲学者ポパーの指摘を考慮すると、進化論にもとづく考え方は科学的仮説というよりも現象を見る際の視点の一つと考えた方がよいのかもしれない。とはいえ、このように考えることによって、人間や他の動物の知覚や認知の特性が整理しやすくなる。

「正しい」知覚は必ずしも適応的ではない

前章で「観察距離が変わることで対象の網膜像の大きさが変わっても、見た目の大きさは変わりにくい」という大きさの恒常性を紹介した。恒常性には、それ以外に、照明が変化しても対象の明るさや色彩があまり変化しない**明るさの恒常性**や**色彩の恒常性**、視点移動に伴う対象網膜像の形状変化ほど見かけの形状が変化しない**形の恒常性**などがある。

これらの恒常性は、視野内に対象までの距離や対象の特性などの情報が多い方が顕著になる。つまり、視覚的情報が豊かなほど、私たちの知覚は「正しさ」から隔たってしまう傾向がある。

観察条件の変化により生じる刺激の物理的変化ほど知覚体験が変化しないということは、知覚系が「正しい」知覚を成立させることを重視していたのだとしたら、不適切な特性であろう。このような「正しくない」特性があるということは、人間の視覚が、「正しさ」よりも、観察状況の変化に対応して刺激の物理的特性が変化しても、知覚体験の内容を変化させない戦略を選択したことを示す。

距離などの観察状況が変化しても、視覚的な処理の結果として成立する見えや、その総体である視空間が安定しているということは、安定した知覚を成立させるために生存にとって有効なのだろう。逆に、知覚における種々の恒常性からは、「正しい」処理が必ずしも適応的ではないことが推察される。

人間以外の生物にも錯覚はあるのか

視覚は生物の生存にとって不可欠の様相ではない。生物の中には視覚に頼らず何万年も生き続けた生物種がいる。例えば、フォン・ユクスキュルが紹介しているように、森に棲《す》む吸血ダニは、視覚的な感覚の器官を持たない。彼らは、灌木《かんぼく》の上で下を通る哺乳《ほにゅう》動物を待ち伏せする。哺乳動物の皮膚から発せられる酪酸《らくさん》を検出すると、木から落下する。動物の上に落ちた場合、より温度が高く毛が少ない部位を探し出して、そこから血を吸う。もし冷たいものの上に落下した場合は、再び木によじ登り、次の動物が通りかかるのを待つ。

ダニの場合、灌木の上方を判断するための全身光覚と、酪酸を検出する嗅覚と、温度や毛の少ない部分を判断する触覚が知覚世界を構成している。その知覚世界は人間やその他の多くの哺乳動物よりも単純と言えるだろう。それでも、それはダニの生存にとっては十分な内容を持つものである。

眼や耳を持たないダニの知覚世界は、人間の眼から判断すれば、限られた情報によって構築されていることが分かりやすい。しかしながら、私たち人間の知覚世界も、観察対象のあらゆる特性についての情報を得ているわけではない。限られた知覚様相のチャンネルを通してからしか対象の特性を知ることができないという点で、人間の知覚世界もダニと類似している。この限られた知覚情報にもとづく判断は、いつも正しいわけではない。酪酸を含む布が灌木の下に置かれた場合であってもダニは落下することだろう。布がぬるま湯で湿っていた場合、布に潜り込んでその水分を吸おうとするかもしれない。ダニには味覚もないので、吸っているのが血とは異なる液体であっても、そのことに気づかない。ダニの食事の回数は限られているので、血ではない液体を吸ってしまった個体は、その子孫を残すことはできないだろう。

とはいえ、彼らは死に絶えることなく、今でも多くのダニが灌木の上で、下を通り過ぎる哺乳動物を待ち構えている。彼らが用いている生存の戦略は、生物種として生き残る上では十分に有効だったのである。

このダニの例でも分かるように、生物の知覚系の戦略は常に成功するわけではない。その戦略は限られた情報の処理の上にもとづいているため、知覚の間違いに気づかない場合もあるだろう。このように、判断を間違えた場合はダニの「錯覚」と呼べる。人間の錯覚も、進化の過程で獲得された戦略にもとづいた処理が、まれな状況のもとでは顕著なズレを生み出すという点で、基本的には同じようなものと見ることができる。

ダニが体験する世界

ダニの知覚の有効性は、種として生存する上で十分な正確さと時間的特性を持っている。実際のところ、灌木の下に酪酸を含む布切れが落ちている可能性は、通常の世界ではほとんどない。さらに、それがぬるま湯を含んでいて、誤ってそれを吸ってしまい、子孫を残すことができないという可能性はさらにもっと低いことだろう(ダニの生態に興味を持った生物学者の実験対象になってしまった不幸な個体がその実例の大半を占めているかもしれない)。

自分の周囲にある環境のさまざまな特性を知ることがなくても、灌木の下を通りかかる哺乳動物が発する酪酸を十分な早さで検出することができ、手足に触れるものの温度や毛の有無を判断できる触覚があり、自分の登るべき上方を知ることができれば、種として十分に生き残っていける。おそらく、それぞれのダニにとって知覚世界は生きていくのに十分に豊かさを持つものなのだろう。人間よりも利用できる感覚器官が少ないとしても、おそらくは、ダニにとっては破綻のない、完全な世界が体験されているはずである。

このように、生物は、種として生き残っていくために、実際の世界の特性を「正しく」知る必要はない。とはいえ、環境の変化によって、それまでとは異なる情報処理の戦略が必要となることがあるかもしれない。例えば、何らかの理由で栄養の補給源となる哺乳動物の種が替わり、発せられる酪酸の濃度が低くなった場合、より低い濃度の酪酸の検出で落下する個体が生き残りやすくなることだろう。そのような個体は、それまでは酪酸を誤検出しやすく、間違って落下することによって獲物にありつけないことが多く、生存には不利だったかもしれない。それが、環境の変化によって、それまではより適応的だった個体より生存しやすくなることもあり得る。

進化論的な想定の上では、獲物が発する酪酸の濃度が低い状況が数世代にわたって続けば、低い濃度の酪酸で落下する個体だけが生き残りやすくなる。このようにしてこの種の特性は、世代が替わるごとに少しずつ変容する。

知覚の有限性を前提としての生存戦略

それぞれの生物種は、その身体的制約の中で、生存に必要な情報を取り入れ、それを用いて状況に対応できるように進化してきた。得られる情報は、その生物が持つ感覚器官の特性に依存している。人間の知覚も同様の有限性を持っているはずである。ただし、私たち自身にその有限性について実感されることはほとんどないだろう。そのことは、通常の生活を送っている限り、進化の過程で獲得されてきたこの知覚特性は十分に適応的なものであることを示している。

個々の生物は、限られた情報から、生存にとって必要な情報を取り出し、環境と相互作用する必要がある。このとき、生物に求められるのは、種として生存するために十分な精度での環境からの情報取得である。環境についての多くの特性について情報が得られなくても、生きていく上で重要な情報がそこそこの精度で得られればよいのであって、生存に関係のない環境特性については情報を得る必要はない。

栄養補給の対象についても、栄養補給できるだけの精度で情報が得られればよいので、その対象の持つ多くの特性を無視しても、栄養補給のための行動に必要なだけの時空間的精度で栄養補給源や環境について有効な情報を得ることができればよい。

生物が環境に対しての「正しい」知覚を成立させるのではなく、必要な情報を必要な程度の精度で得るという戦略をとったのは、そもそも環境から得られる情報が限られており、その限られた情報を活用して生き残るという戦略しかなかったからなのだろう。

その有限な情報の活用法における戦略には、個々の生物種に固有のものがある。進化の過程で獲得されてきたそうした戦略は、通常の自然環境ではおおむね適応的である。したがって、知覚の精度を調べると、その生物種が生き残る上で十分な時空間的精度について理解することができるだろう。

しかしながら、進化の過程では触れることがなかった刺激や、これまで環境の中において判断を求められることがなかった刺激に対しては、いつもの戦略を用いると問題を生じる可能性がある。この場合、実際の刺激の物理特性と知覚的に体験される内容との間にその生物種特有のズレ、つまりはその生物種特有の錯覚が生じる。そのため、錯覚における物理刺激の特性と知覚内容との対応関係を調べることで、その生物種の持つ知覚の戦略を整理できる。

人間以外の生物種の適応戦略と錯覚

チンパンジーなどの霊長類では、人間と同様の幾何学的錯視が生じることがポンゾ錯視などを用いた研究で明らかになっている。このことは、人間と霊長類に属する他の種とが、視覚情報の処理において同様の戦略を用いていることを示唆している。それぞれの生物種の生活環境や行動パターンに対応してそれぞれの生物に固有の戦略があるとしたら、地球上の生物が情報処理の過程でどのようにその生活環境に適応してきたのかを体系的に理解できるかもしれない。

人間とはずいぶんと生活パターンの異なるハトやニワトリでも、ミュラー・リヤー錯視のような幾何学的錯視が生じる。このことは、人間の用いている知覚の戦略の中には、他の生物種の適応過程でも採択されたものがあることを意味している。ハトは人間やニワトリと異なり、高く飛翔《ひしょう》できる生物種なので、お互いの生活環境や行動パターンはずいぶんと異なるはずだ。それでも共通の適応方略が採択されているとすれば、その方略は地球上の環境への適応という目的に対して普遍的な有効性を持っているのかもしれない。

ただし、他の幾何学的錯視の基礎にある過程は鳥類と人間とで異なることもある。例えば、エビングハウス錯視は、人間では大きな円で囲まれた円が小さく見えるという現象である。それに対し、ハトでは大きな円に囲まれた方が大きく見える。このことは、それぞれの生物種が、進化の過程で、環境に適応するために独特の特性を持つ処理過程を獲得してきたことを示唆している。それぞれの生物種においてどのような錯覚や錯視が存在するかを調べることで、それぞれの生物種が進化の過程でどのような情報処理方略をとってきたのかが分かるのである。

人間の視覚における知覚認知体験の基礎

私たちは、進化の過程で獲得してきた感覚器官を通して、環境の中のさまざまな対象や自分自身の状態についての情報を得て、それを利用することによって環境に適応しようとしている。この際、対象の特性がそのまま私たちの体験を決定しているわけではない。

表1　電磁波の名称と波長

主な名称	波長	
γ線	～10pm	*
X線（レントゲン線）	10pm～10nm	**
紫外線	10～400nm	
可視光	400～740nm	
赤外線	740nm～1000mm	
マイクロ波	1000mm～1m	
電波	1m～	

*pmはピコメートル。1pmは10の12乗分の1m。
**nmはナノメートル。1nmは10の9乗分の1m。

私たち人間の体験の基礎にあるのは、眼や耳、皮膚などの感覚器官において外界からの刺激を受けて生じた神経の興奮のパターンの結果と考えられる。例えば、視覚の場合、遠くにある対象に接することなく、その対象から発せられた光や表面で反射された光の処理にもとづいて、その対象の特性や、その対象と自分との関係などについて知ることができる。

今読んでいるこの本から視線を外し、周囲を見渡してみよう。対象に直接に接しなくても、さまざまな色彩の物体の見えが眼に飛び込んでくることだろう。それは本棚の本の赤や黄色の背表紙かもしれないし、さまざまな段階の緑色で領域分けされた芝生、さまざまな色彩の建物

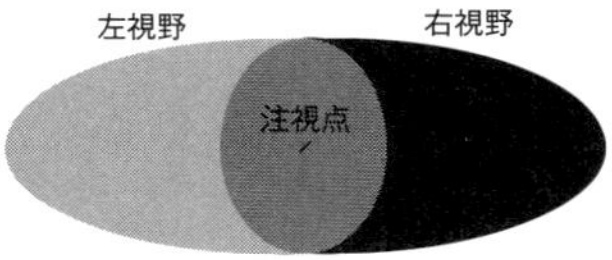

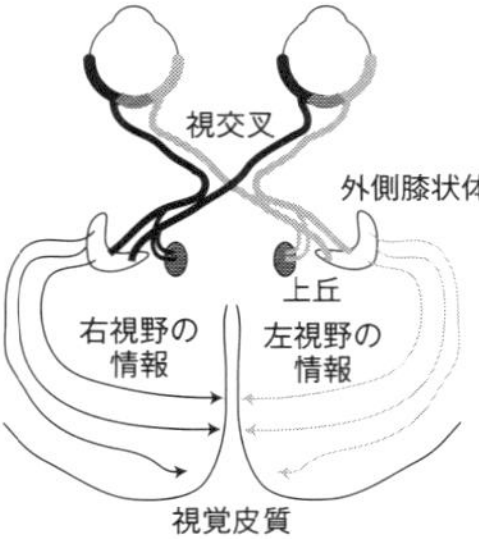

図4－2　視覚に関係した中枢
中心視野の近傍を除いて、左視野の情報は右の視覚皮質に、右視野の情報は左の視覚皮質に伝えられる。

の外壁かもしれない。

しかし、実際に私たちが体験しているのは、対象の表面特性ではない。眼に飛び込んできた光の特性そのものでもない。眼に飛び込んできた光の一部の波長の電磁波が網膜上の視細胞に当たり、それが神経の興奮を引き起こすことで知覚システムの処理が始まる。

光は、光子としての粒子のような特性もあるが、波長としての特性も持つ（表1参照）。紫外線や赤外線だけではなく、エックス線や電子レンジで用いられている波長の電磁波もある。このうち、約400ナノメートル（1ナノメートルは1ミリの一〇〇万分の一）から740ナノメートルの範囲の電磁波は人間の網膜にある視細胞にある色素を分解することができる。これは、この範囲の波長の光が当たると分解するような色素が視細胞に含まれているためである。

この色素の分解の際に脱分極が生じ、その電位的変化が神経の興奮として視神経を通して外側膝状体《がいそくしつじょうたい》や大脳の視覚皮質、上丘《じょうきゅう》などの部位に伝えられることで、多様な視覚の処理がなされる（図4-2）。この色素の分解に伴う電位変化が私たちの視覚的体験の基礎にある過程である。視細胞の色素の分解を引き起こすことができる波長の電磁波は「見ることのできる光」という意味で**可視光**と呼ばれる。他方、どんなに強い電磁波でも、それが視細胞における色素の分解を引き起こさなければ私たちには見えない。

視細胞で可視光が神経信号に変換された場合、その結果として観察者には色彩の感覚が得られる。しかしながら、この変換においては、刺激光における波長の組み合わせと、その結果として起る神経の興奮との間には一対一的な対応関係がない。詳しくは第6章で解説するが、同じような神経活動のパターンがさまざまな波長の光をいろいろな強度で組み合わせることによって生じ得る。

そのため、引き起された神経活動のパターンから（したがって、それにもとづいて成立する色彩の見えから）は、どの波長の光が提示されていたのかを特定できない。こうしたことから、色覚は物理的対象の特性ではなく、あくまでも私たちの知覚系における神経的活動の特性にもとづくものであることが分かる。

生存に重要でないものはあっても見えない？

私たちの視覚や聴覚、平衡感覚、触覚、味覚、嗅覚の基礎にはそれぞれの様相に特化した感覚器官がある。それぞれの感覚器官において、環境の状態についての情報を取り入れている。この過程では、環境の中のさまざまな状態を神経信号に変換することで、私たちのさまざまな知覚の処理が開始されている。

なお、前述したそれぞれの知覚様相に固有の刺激だけが知覚を成立させるわけではない。例えば、視覚の場合、可視光だけが視覚的体験を引き起すわけではない。網膜にさまざまな刺激が与えられ、その結果として視細胞においても電位変化が起った場合もそれに対応した視覚的体験が生じるのだ。このことは簡単に体験できる。例えば、眼を閉じたままままぶたの上から眼窩《がんか》の縁あたりの眼球を指で軽く押してみよう。そうすると、視野の中で、指で押したのとは対称の位置にうすぼんやりとした光芒《こうぼう》のようなものが見えるだろう。眼球に加えられた機械的圧力により網膜上の細胞に電位的変化が生じ、その電位変化が神経の興奮として脳に伝えられた結果が視覚的現象として体験されるのである。

このように、それぞれの感覚器官の本来の対象とは異なる刺激によっても知覚的体験を生じさせることができる。大事なのは、このような本来とは異なる刺激によって生じた知覚体験と、本来の刺激によって生じた体験とを、私たちは区別できないことなのである。

このような知覚のシステムにもとづいて成立している私たちの体験は、環境そのものの特性を反映しているというよりも、私たちが生きていく上で適切に環境の状態を体制化していると言える。色彩や香り、味といったものは、外界に存在している対象のそのものの特性ではなく、環境の状態を体制化する私たち自身の知覚の特性こそを反映していると考えられる。別の言い方をすると、生存にとって重要な意味を持たないような環境の状態については、私たちはほとんど体験することができない。

例えば、視覚に関しては、網膜上の細胞によって神経信号に変換できるのは光（電磁波）の中のごく一部のみである。紫外線や赤外線、中波や短波、エックス線などが見えることはない。ただし、人間にとって不可視の波長の光の一部を見ることができる生物が少なからずいる。例えば、チョウなどの昆虫の視細胞は紫外光でも分解する色素を持っており、そのために、人間には見えない紫外光領域の波長の光であっても見える。実際、チョウは紫外光領域の波長の光に対する羽の反射率の違いにもとづいてオスとメスの分類を行っている。なお、人間はこうした波長の光が見えなくても生存が脅かされることがないからこそ、紫外光が見えなくても問題のない生活を享受している。

モノの分子構造を肉眼で見ることができないのはなぜ?

知覚体験の基礎にあるのは生体信号の組み合わせである。感覚器官を通したこの生体信号の組み合わせの成立過程において、私たち人間を含め、生物の知覚のシステムは、その生存にとって意味のある情報の抽出を行っている。つまりは、環境の中にあるさまざまな対象や自分自身の状態について、あらゆる情報を獲得しているわけではない。

例えば、私たちはどんなに観察条件に恵まれていても、対象の分子的構造を肉眼で見ることはできない。対象の分子構造まで見えた方が、その物理的な特性について正確で適切な情報が得られることだろう。しかしながら、人間だけではなく、対象の分子構造を肉眼で判断できるような視覚を持つ生物はいない。このことは、どうやら地球の環境で生息する生物の生存にとっては、その視覚に、対象の分子構造が肉眼で見えるほどの精度は必要ないことを意味している。

対象の分子的構造が知覚の対象となる様相に味覚と嗅覚とがあるが、これらも、対象の構造を対象の特性に応じて一対一対応的に神経信号のパターンに変換しているわけではない。分子的にはまったく異なる構造を持つ物質が類似した味覚や嗅覚の体験を引き起こすことは、さまざまな風味の調味料や芳香剤があることからも分かるだろう。味覚や嗅覚における符号化のパターンを理解できれば、実際とは異なる物質によって柑橘《かんきつ》系やチョコレートなどの味覚や嗅覚を引き起こすことができる。

観察対象がどのような物理的特性を持つのかを判断する際、私たちはその分子構造についての知覚ではなく、その大きさや動き、表面の模様や色彩、そして、その対象までの距離などについての知覚にもとづいて判断している。おそらくは、その程度の細かさ（精度）での情報の処理にもとづいて、私たちは十分この地球上の環境で生きていくことができるのだ。どの程度の精度での情報処理が必要か、どのような内容の情報処理が必要かは、それぞれの生物種の特性によって決められることだと考えられる。

おそらく、生きるということは、生存に必要な意味付けを行い、それに対応して行動する過程でもある。意味付けというのは、観察の対象の特性をすべて理解するということではなく、それぞれの生物にとって生存する上で有利になるような情報を抽出したり、生存にとっての役割を創出したりする過程である。そうして抽出された情報や、創り出された役割にしたがってその対象に対応できれば、いちいち意味が意識される必要はない。この点では、人間を含め、生物の情報処理の過程は共通している。

環境の改変によって生じた錯覚

知覚で得られる情報が限られているという点では人間の知覚は他の生物種と共通の特性を持つと言える。それぞれの生物種は、その限られた情報を利用して、適切な処理を行うように進化してきた。進化の過程でとられた情報処理の戦略が異なるため、生物によって知覚の特性も違っている。

では、人間が他の生物種と特に違うところとは何だろうか？
もちろん、視覚をはじめとした知覚の時間的解像度、空間的解像度は他の生物種と違っていることだろう。そうした基本的違いの他に、特に重要な違いとして、長い間の進化の過程で適応してきた自然な生活環境を、自分たちで作り替えてしまっているという点を挙げることができる。

自分たちで生活環境の変化を引き起す生物種は他にもいる。アリやシロアリ、ハチ、多くの鳥類や哺乳動物のように巣を作る生物種がいる。彼らも生活環境を自ら作り替えている。しかしながら、人間は、車や飛行機などの人工的な道具を創り出すことによって、高速の移動を可能にしている。そのため、急速な生活環境の変化が生じている。自動車は一五〇年ほど前に創り出された道具である。数世代の間に移動手段に大きな変化が起ったことになる。いくつもの世代にわたる変化である通常の進化の過程では、この急な変化に対応して人間の知覚のシステムが変化するのは難しい。実際、そのような対応が困難であることは、致命的な自動車事故が多発していることに如実に示されている。

第2章と第3章で述べたように、二次元的な画像を用いる人間独自の視覚コミュニケーションも生活環境の変更に含まれる。それによってさまざまな情報伝達が可能になった一方で、実空間内での観察では出合うことがなかったようなさまざまな錯視、見誤りが生じることになってしまった。

つまり、人間は自分たちで生活環境を大きく変容させ、その環境が知覚や認知のシステムの限界を超えた判断をしないと致命的な問題を生じるような潜在的危険性と日々接している。このような生物種は他にはいないだろう。

この潜在的危険性の基礎には人間による人間の能力の過大評価がある。実際には、私たちが見たり、聞いたりしている事柄は、対象の特性を正しく反映しないことが多い。ところが、私たちは知覚した内容をそのまま信じやすい。これは、人間が自分の知覚の特性を知らず、その実際の限界を超えて知覚の能力を過大に高く評価していることを意味する。そのことによって、人工的な環境に住む現代人は、さまざまな潜在的危険に日常的に対峙させられている。この問題については最終章でも再び取り上げる。

錯覚を利用するのも人間ならではの特徴

新しく創り出した環境における潜在的危険を避けるための対応が求められるが、その過程で他の動物にはない可能性も生じる。生活を豊かにするために錯覚を利用しているという点も、人間という生物種に独特の特徴と言える。人間は自らの知覚の特性を理解した上で、それをさまざまな場面で利用している。

例えば、前章で説明した通り、奥行の表現は、長い期間にわたって錯視を視覚コミュニケーションに利用してきた例として挙げることができる。つまり、絵画からディスプレーやスクリーンなどを用いた映像表示において、錯覚を利用することで、二次元平面的画像から奥行や距離の知覚が成立するような工夫がなされてきた。CGを用いた最近のバーチャルリアリティーシステムにおいても、錯覚を用いた奥行表現は主要な技術となっている。

第3章で紹介した奥行知覚の他、ディスプレーなどを用いた色彩、運動の表現でも錯覚が利用されている。その詳細については第5章と第6章で解説しよう。

第5章　アニメからオフサイドまで——運動の錯視

動いていないのに見える運動、動いているのに見えない運動

錯覚は、人間の創り出した環境の変化の結果として生じるだけではない。人間自身が、錯覚を利用して、生活世界を自分たちに合うように変革している。そのような過程において大きく貢献しているのが、運動の錯覚と色彩の錯覚である。それぞれの特性をこの章と次の章で解説する。

物理的には何も動いていない場合でも、私たちの知覚のシステムは動きを見ることがあ

る。そうした錯覚の成立条件を特定できれば、私たちの知覚のシステムでは、動きのどのような特性を重視して動きを読み取ってきたのか理解できる。その理解にもとづき、物理的運動はなくても運動を表現することが可能になる。実際、私たちの日常生活には、そのようにして可能になった運動表現方法が取り入れられ、さまざまなコミュニケーションを可能にしている。

他方、私たちの知覚における動きの処理系は決して正確ではない。実際に動いているものを観察しても、そこに動きが見えない場合もある。実際の動きとは違う動きが見えることもある。つまりは、動きに関連して、さまざまな錯覚、錯視がある。動きに関わる錯視は**運動錯視**と呼ばれている。

私たちに見えない動きにはどのようなものがあるだろう。

例えば、実は私たちは常に高速で移動している。そのことは実際には知覚されることではないが、地球の自転や公転を考えるだけでも、私たちの移動が小さなものではないことはすぐに分かるだろう。それに加え、この宇宙はビッグバン以来ずっと膨張していると言われている。やがては「ビッグクランチ」に達し、それから宇宙は縮小に転じるのかもしれないが、とにかく私たちの位置は、宇宙の膨張や縮小に伴い非常に速い運動速度で移動している。このような地球の自転や公転、宇宙の膨張に伴う私たち自身の動きはとてつもなく大きなものである。しかしながら、それらを私たちが知覚から直接に体験するということはない。むしろ、地球の公転が長い期間にわたって宗教的に認められなかったことは、こうした大きな変化を私たちがリアルに感じることが難しいことの裏返しでもある。

さらに、私たちの視覚の時間解像度よりも遅い動きも、私たちには直接的に知覚することができない。例えば、ゆっくりと成長する植物や動物の変化は、直接的に注意を向けることなくして気づかれることはない。地球の自転によってゆっくりと（1時間に角度にして15度のスピードで）天球上を移動する天体の動きも、注意を向けなければ気づかれることもない。注意を向けたとしても、有効な手がかりを使ったり、道具を用いてはかったりしないと、なかなか動きについては気づくことができない。

では、私たちの知覚のシステムは、どのようにして動きの情報を処理し、動きの知覚を成立させているのだろうか。そのことを理解するために、運動錯視の特性を調べることが有用である。

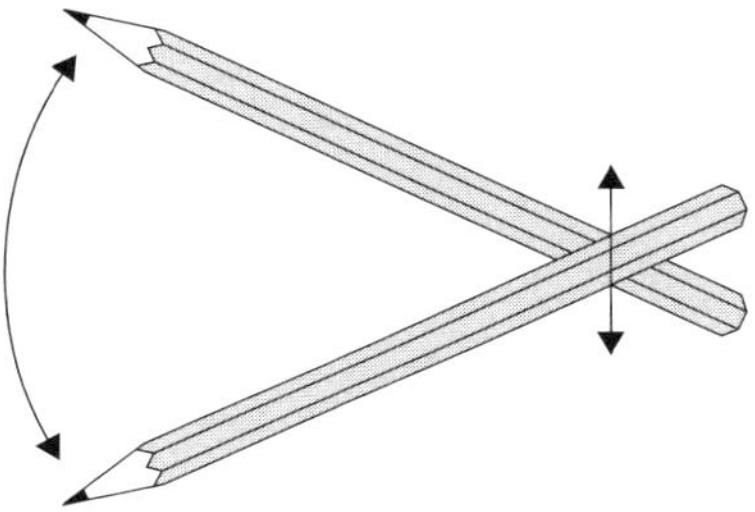

図5－1　ラバー・ペンシル錯視
鉛筆全体が上下運動し、鉛筆先端が首振り運動すると、鉛筆の部位によって運動がゆっくりになるタイミングが異なるので、ぐにゃぐにゃして見える。

鉛筆がぐにゃぐにゃに見える「運動錯視」

身近な物で生じる運動錯視にラバー・ペンシル錯視（図5－1）がある。鉛筆の中央からやや離れたところを持つ手を上下させながら鉛筆の中央あたりを軸にして鉛筆も上下させると、鉛筆が軟らかくぐにゃぐにゃしているように見える。

おなじみのこの錯視にはさまざまな要因が関わっているが、鉛筆の速い動きは見えにくくなるのに対し、鉛筆の運動方向が変わる際に運動が遅くなるところで鉛筆の形が見えやすくなることが重要な要因である。鉛筆の部位によって動きが遅くなるタイミングが異なるため、鉛筆

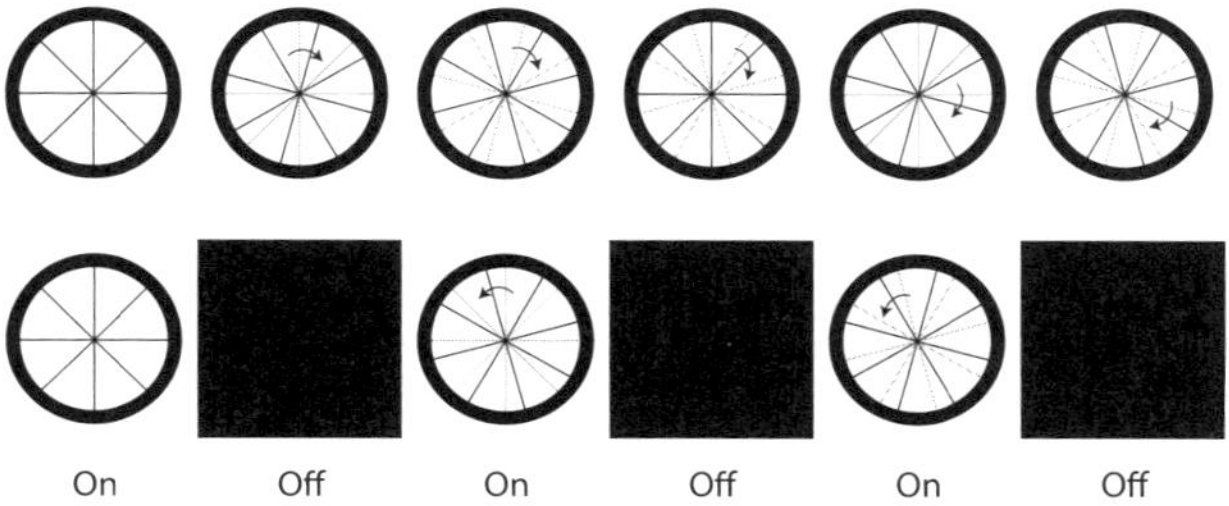

図5−2　ワゴン・ホイール錯視
時計回りに車輪が回転すると、周期的なパターンを示すスポークは、少しずつ位置を変える。連続的に視覚情報が得られる場合、それぞれの時点で得られた視覚像の間の似た特徴を対応づけると、時計回りの動きが見えることになる(上段)。ところが、視覚情報が飛び飛びにしか得られない場合、似た特徴を対応づけると、実際とは逆の反時計回りの運動が見えることになる(下段)。

が軟らかく見えてしまう。

高速で回転する車輪の回転方向が実際とは逆に見えることがある。この現象はワゴン・ホイール錯視と呼ばれている。車輪のスポークのように同じようなパターンが周期的に繰り返される構造を持っているものが高速回転するのをビデオで撮影したり、蛍光灯のように周期的に明滅する照明下で見たりすると、撮影の速さや蛍光灯の点滅の周波数によってとびとびのフレームの動画像が得られる。パラパラ漫画を数ページずつ飛ばしながら見るようなものである。このとき、車輪のスポークが周期的に配列されているので、数フレーム飛ばすことで、フレーム間で異なるスポークが対応づけられやすくなることがある。そうなると、実際とは違う運動方向や運動速度の回転が見えやすい（図5－2）。

高速で回転する車輪を太陽光のように点滅しない光源のもとで肉眼観察する場合にも、実際とは逆方向の回転運動が見えることがある。太陽光は明滅しているわけではないので、この場合は視覚刺激の周期性に原因があるわけではない。この錯視の成立条件はまだ完全には特定されていないが、私たちの視覚の処理過程の周期的特性にもとづいて生じることが主張されている。つまり、この錯視では、私たちが視覚情報を取り入れる際に、10Hzの時間間隔以内のものをまとめて処理しており、その処理の際の時間的間隔が高速で動く周期的構造を持つ対象について、実際とは異なる対応づけを行ってしまうので、逆方向の動きが見えるというものだ。10Hzというと、脳波のα《アルファ》波の周期とも近い。視覚皮質のある後頭葉のα波の発生源が視覚的な情報処理における時間的な統合の過程に関連している可能性も指摘されている。

アニメやテレビ、ＰＣに活用される「仮現運動」

現代人の生活に最も密接に関わっている運動錯視が**仮現運動**であろう。この運動錯視は、テレビや映画、ＰＣや携帯電話のディスプレーで動きが見えることの基本原理である。

私たちは、テレビ画面やディスプレー、スクリーンの上に映し出された映像に動きを見ることができる。自然画像の観察でも、アニメーションやＣＧのような人工的な画像の観察でも、特に努力することなく、動きを見ることができる。ところが、こうした画像が映し出されている際、実際には、テレビ画面やディスプレー、スクリーンの上では、物理的には何も動いていない。こうした画像で起っているのは、周囲と明るさが異なる部位の位置や形状などの特性の変化である。ある時間の範囲の中で、周囲と明るさの違う部位の位置や形が変わると、私たちの視覚のシステムは、それを動きとして見てしまう。

ノートの端に少しずつ違う絵を描いてそれを一気にパラパラとめくると動いて見える。これはパラパラ漫画（フリップブックとも言う）と呼ばれるが、これも仮現運動である。パラパラ漫画においても、ページの上を何かが物理的に動いているわけではない。少しずつ位置や形などが違う画像が次々と提示されているだけである。

例えば、暗い背景の上に白いドットが提示されたあとに、暗い背景だけの画像の提示に続いて、やや離れた位置に白いドットを提示した場合にも、点が動いたように見える（図

図5−3　仮現運動
背景とは輝度の異なる領域が一定の時間のうちに場所を変えると、その領域が動いたように見える。

5−3）。最初のドットと次のドットの距離や背景だけの画像の提示時間とが一定の範囲内であれば、点の移動の際の軌跡も見える（この現象はファイ運動と呼ばれる）。背景だけの画像が提示された際にはドットは提示されていないので、軌跡が見えるのも錯視ということになる。

このように、実際には動いている物体は存在しなくても、明るさの違いで規定されるパターンの形状や位置が一定の時間の中で変わるだけで、動きが見える。ただし、変化の時間が短過ぎると運動の知覚は生じない。また、変化の間に長い時間間隔が空き過ぎると動きが見えにくくなる。この特性は、ストロボを断続的にフラッシュさせると、動きが見えにくくなることでも体験できる。変化の程度が大き過ぎても小さ過ぎても運動の知覚は生じない。

図5−4　運動残効
時計回り（左）の動きを数十秒連続して観察したあとに刺激が静止する（右）と、しばらくの間、反時計回りの動きが見える。

この仮現運動で見える運動は、二次元平面上の動きにとどまらない。対象が拡大、もしくは縮小する画像を観察すると、対象が観察者に接近、もしくは後退する（遠ざかる）ように見える。画像全体が拡大したり縮小したりする場合は、観察者自身が前進運動したり後退運動しているように感じやすい。また、大きさに加えて、両眼視差の手がかりも加えれば、奥行空間内の運動の印象をさらに強めることができる。

映画館や高速道路で生じる「運動残効」

日常生活で体験されることが多い運動錯視に、**運動残効**がある（図5−4）。同じ方向におおよそ一定の速度で動くものを数十秒見たあとに、静止したものに目を移すと、それまで見ていた運動とは逆方向の動きが見える。

この現象は、運動を持続的に観察することにより、運動を処理する過程における処理レベルの変化によって生じるもので、運動の知覚はそれぞれの方向の運動に対応する運動検出器の処理にもとづくと考えられている。例えば、上向きの運動をしばらく観察すると、疲労などによりこの方向の運動を検出する過程の処理レベルが低下する。上向きの運動を検出する過程の処理レベルが低下するということは、それ以外の運動を処理する過程の処理レベルが相対的に上昇することを意味する。静止した対象を見た場合、上向き以外の処理過程の相対的レベルが上昇しているため、それまで観察していた運動とは逆方向の下向きの動きが見えることになる。

また、運動する画像をしばらく見たあと、それまで見ていた動きに限らず、動きに対する視覚の感度が落ちるという現象も知られている。これも、運動処理過程の疲労などによるものと考えられている。

こうした運動残効や運動に対する感度低下は日常の環境でも起る。例えば、映画などでエンドロールが下から上に向けて動くのをしばらく見たあとに静止している対象（例えば、目の前の座席）に視線を移すと、座席が下向きに動いて見えることだろう。車の行き来の

図5−5　オオウチ錯視
しばらく観察していると、中心部分と周辺部分とがそれぞれ異なる方向にゆらゆら動いているように見える。

激しい道（例えば高速道路）を脇からしばらく見たあとで、視線を建物などに移すと、それまで見ていた車の動きとは逆の方向に建物の形が歪むように見えるはずだ。高速道路から降りてしばらくは、通常の速度で走行していると遅いように感じられたことがあるドライバーも多いだろう。この現象には、運動に対する感度低下が関わっていると考えられる。

印刷物でも見える運動錯視

実際には静止している刺激が動いて見える錯視がある。その代表格が有名な**オオウチ錯視**（図5−5）である。錯視図形は縦長と横長の白黒の長方形の組み合わせで構成される。

長方形は縦横比がおおよそ1対5で運動錯視が特に顕著になる。この図形をしばらく見ていると、内側の領域が動いて見える。人によっては、外側の領域の方が内側よりも大きく動いて見えるかもしれない。

ピンナ錯視（図5-6）も、刺激は静止しているのに、動きが見える錯視である。刺激図形は灰色の背景上に平行四辺形を同心円的に配置することで成立する。中心部を見ながら近づいたり遠ざかったりすると、同心円の部分が回転して見える。白地に斜めの線分を同心円上に並べることでも同様の錯視を生じさせることができる。

オオウチ錯視もピンナ錯視も、どちらも刺激は静止しているが、観察者の眼の動きや視点の動きによって生じた網膜像における運動が錯視を成立させていると考えられる。例えば、オオウチ錯視は、眼の微小な動きによって、図の中心と周辺とで異なる運動信号が生じることによって生起すると考えられる。ピンナ錯視は視点を前後させたり、刺激の方を動かしたりすることで生じた、実際の動きとは異なる運動信号にもとづいて生じると考えられる。

実は、動いている物体を観察する場合、その方向についての情報を得ることは簡単なこ

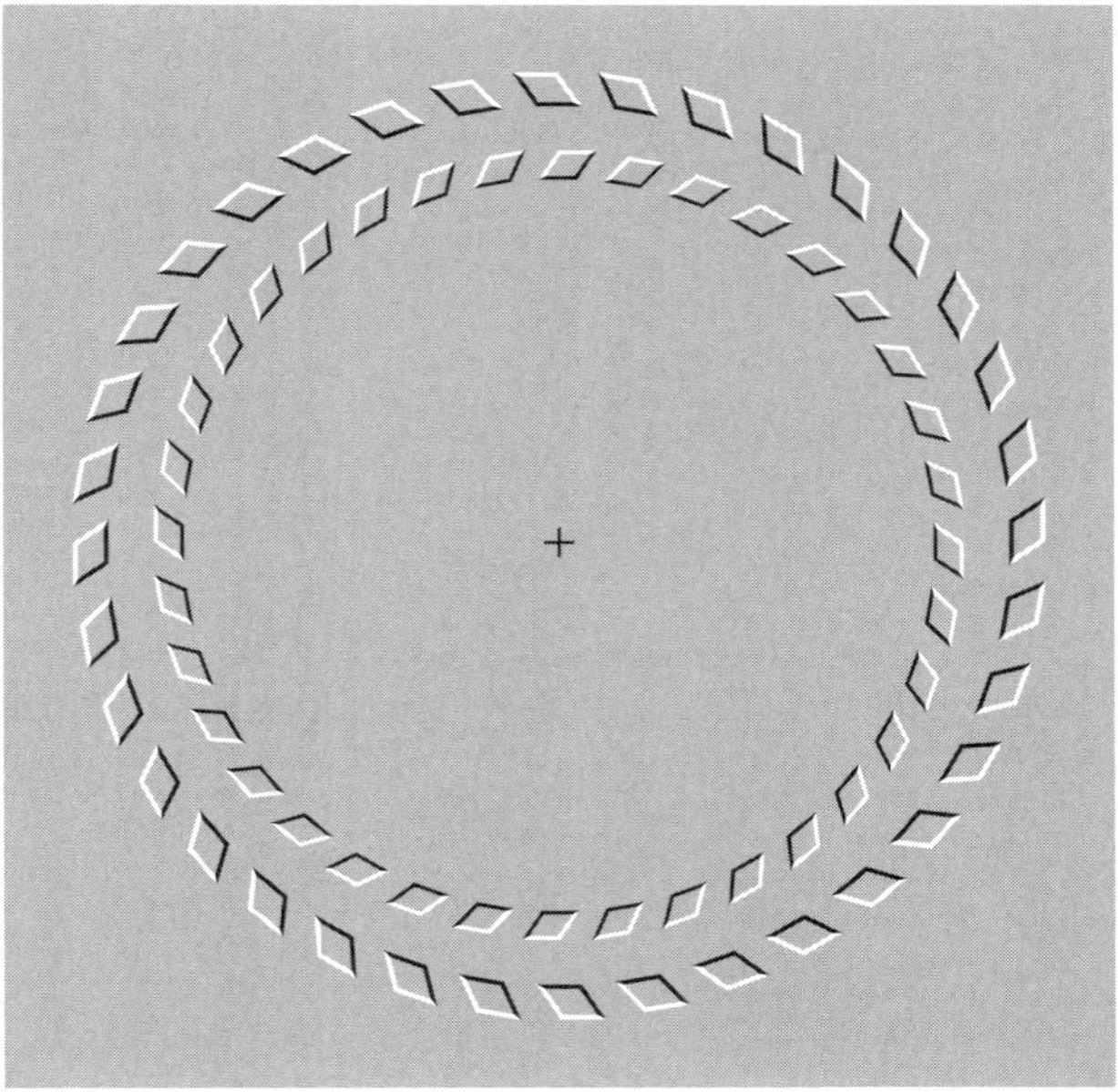

図5−6　ピンナ錯視
中心の十字を注視しながら、画像に近づいたり遠ざかったりすると、同心円の配列が回転しているように見える。

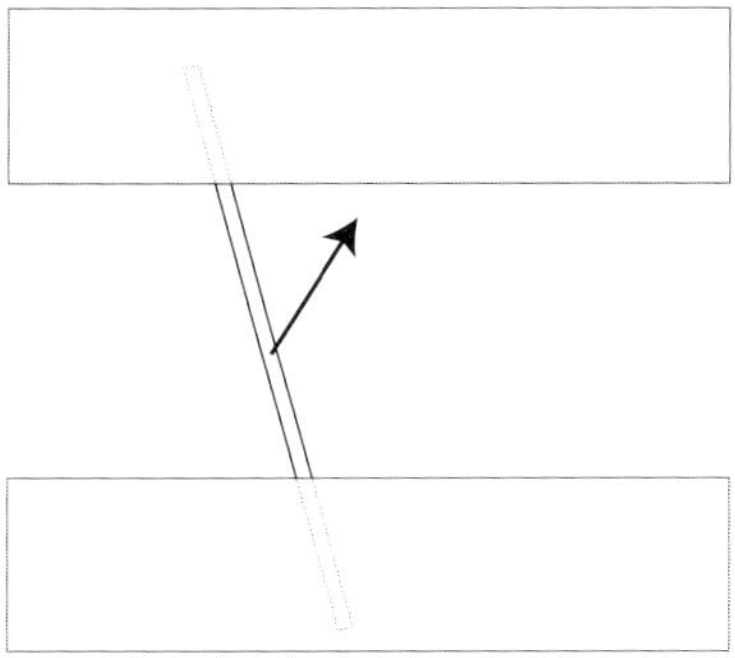

図5−7a　運動知覚における「窓問題」——実際の運動
端点などの特徴的な部位が見えないと、実際の運動方向や運動速度の情報が得られない。

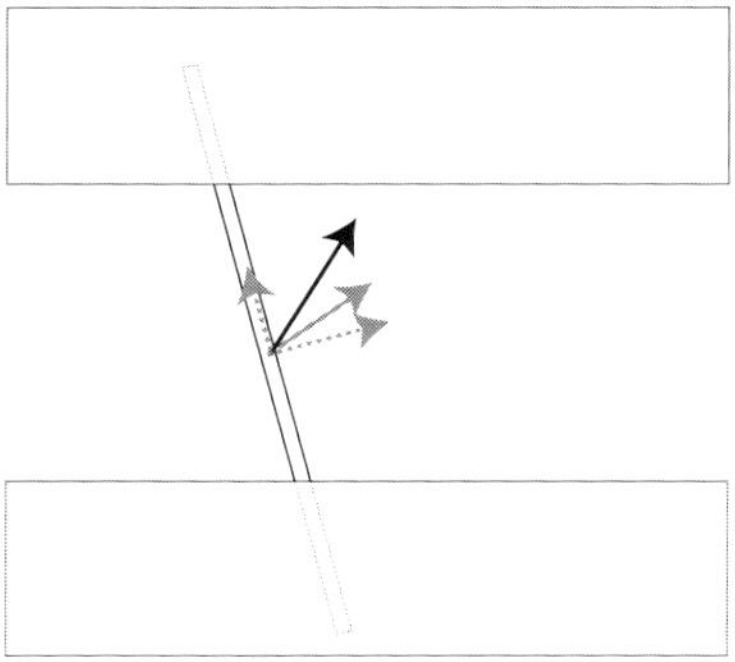

図5−7b　運動知覚における「窓問題」——知覚される運動方向の決定
運動刺激の長軸に直交する成分と平行する成分（灰点矢印線）のベクトル和によって、実際の運動方向（黒矢印線）とは異なる見かけの運動方向（灰矢印線）が決定される。

図5−8　フレーザー・ウィルコックス錯視
図の中央あたりを注視していると、周辺の視野にある刺激がゆっくり回転しているように見える。

とではない。例えば、図5−7aのような細い棒状の輪郭を持つ物体が矢印の方向に移動した場合、その物体の特徴点（角や端点など）が分からなければ、輪郭の移動だけでは実際の運動方向は分からない。この問題は、視野をはみ出すほど大きな対象や隙間《すきま》や穴などを通して対象を観察する場合にも生じる。

私たちの視覚のシステムは、このような場合、輪郭部に直交する運動ベクトルと、輪郭に平行な運動ベクトルの和によって見えの運動方向を決めるという戦略を用いている（図5−7b）。また、このベクトル和の計算の際、輪郭に直交する

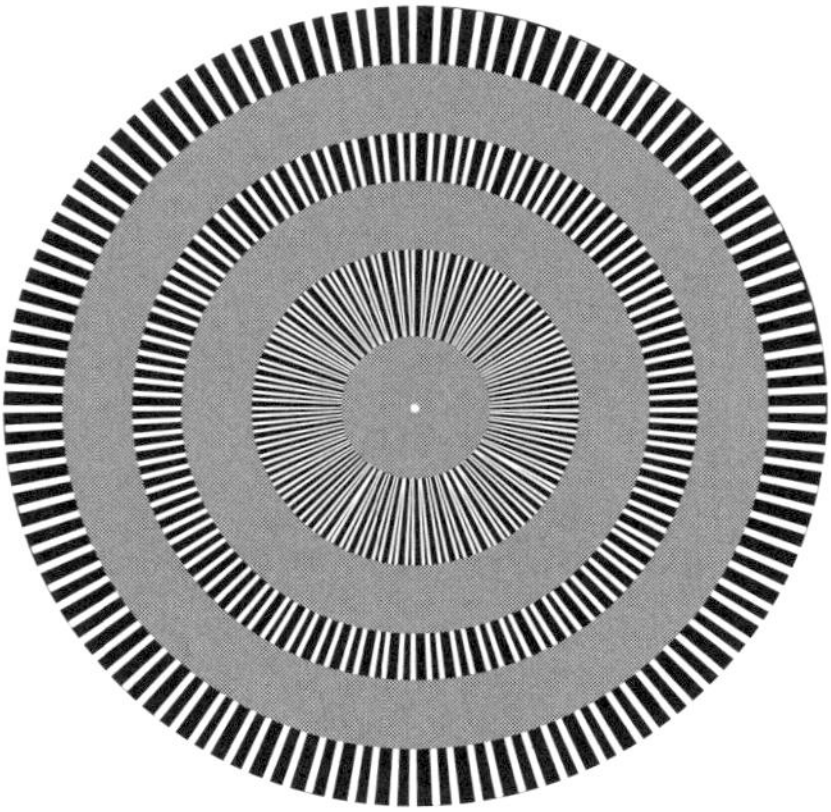

図5−9　エニグマ
灰色の同心円の中に、高速で回転する光の筋のような見えが生じる。

運動にやや大きな重みをつけている。こうした運動信号の検出における戦略が、線のような要素の運動の知覚に適用されることが、オオウチ錯視やピンナ錯視の基礎にあると考えられる。

フレーザー・ウィルコックス錯視の錯視図形（図5−8）は、明るさのグラデーションを持つ要素で構成される。こうした図を周辺視野で観察すると、暗い領域から明るい領域へとゆっくりと動いているように見える。仮現運動やオオウチ錯視、ピンナ錯視での動きの見え方と比較すると、かなり遅い動きである。無彩色ではなく青や黄色の色彩を用いた方が明確な運動錯視が生じ

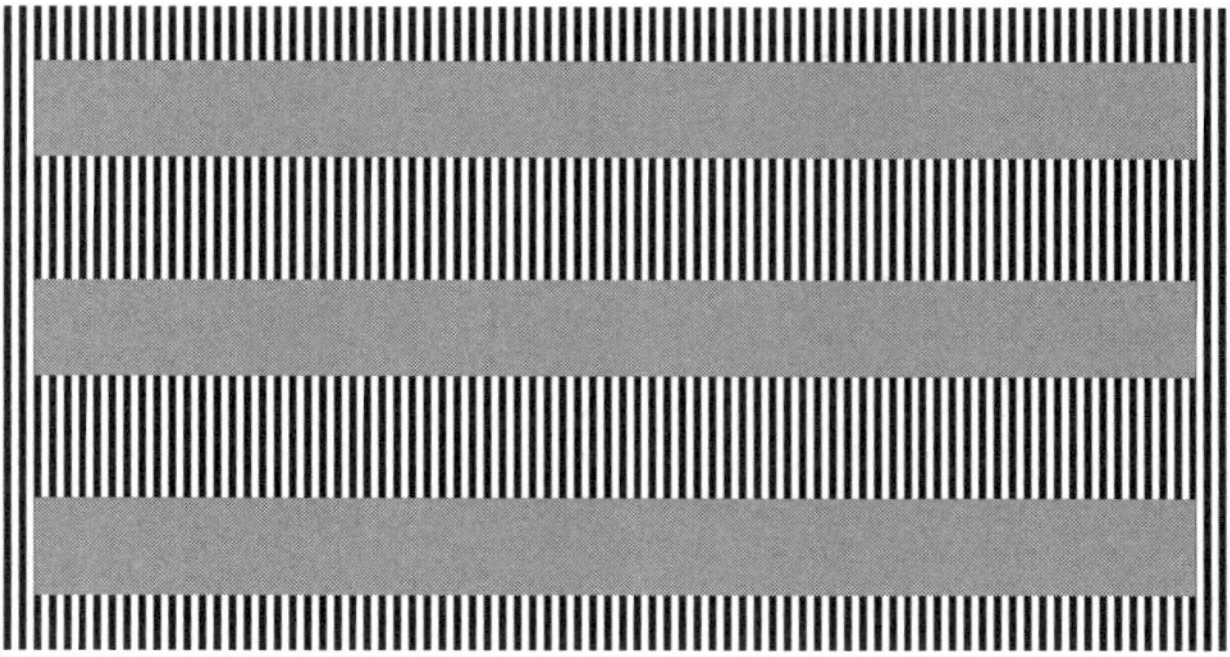

図5-10　帯状の配置によるエニグマ錯視
高いコントラストの縞模様の中に一様な明るさの帯があると、帯の中に高速で動く光の筋の見えが生じる。

やすい。

エニグマと呼ばれる運動錯視がある。この錯視を引き起す代表的な図形は、放射状の線分と一様な明るさの同心円で構成される（図5-9）。この図形の観察では、円の部分に高速の光の筋のようなものが動いているように見える。ここまで紹介してきた他の運動錯視と比べると、かなり速度が速いことだろう。

この錯視を生じさせるための錯視図形は同心円である必要はない。水平方向の帯を周期的な白黒パターンではさんだ場合も、帯の中に素早い光の筋の動きが見える（図5-10）。

このように、この運動錯視に関してもある程度の成立条件が特定できている。また、同心円的な配置に関しては、観察開始時に時計回り方向の運動錯視が逆方向の運動錯視よりも生じやすいという特性が報告されている。

ただし、この運動錯視については、まだ謎が多く、運動錯視の見かけの運動方向についてコントロールする方法は見出されていない。近年、高周波の白黒パターンを動かすと、それと同じ方向にこの運動錯視を動かすことができることが報告された。さらに研究を進めることで、この錯視の見かけの運動方向を意図通りにコントロールできるようになるかもしれない。

漫画など静止画像の動き表現

前述したようなオオウチ錯視やフレーザー・ウィルコックス錯視などを用いると、印刷物を用いた動画像表現ができるかもしれない。仮現運動同様、人間の知覚のシステムが持っている運動処理過程の特性を利用するのである。

他方、そのような動きの検出過程の利用以外にも、絵画や漫画、写真など、静止画像を

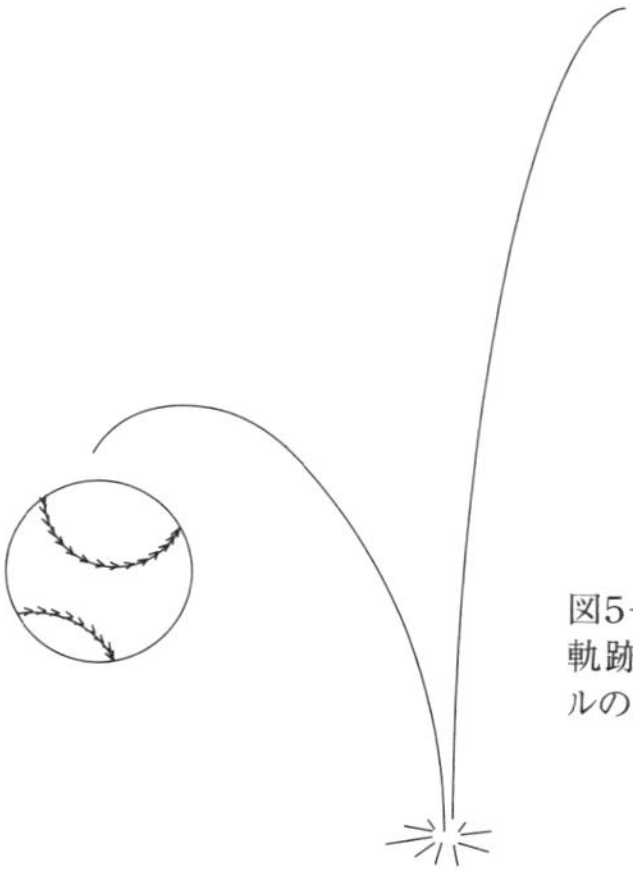

図5−11a　動線による運動表現
軌跡を示す動線を描くことによってボールの動きを表現できる。

図5−11b　矢印を用いた運動表現
矢印の長さや太さで運動の速度や強さを表現できる。

使った運動表現にもさまざまなものがある。写真などでは、動いている物体の進行方向と逆側の画像をぼかしたりすることで運動の見えが強調される。絵を描く場合には、進行方向と逆側に線を描くことでも運動を表していることが分かる。

このような線は**動線**（図5-11a）と呼ばれる。進行方向に向けて矢印を描き、その長さや太さを変えることでも、運動方向や速度、力強さを表現できる（図5-11b）。これらの運動表現から動きを見るには、仮現運動よりも高次の過程や過去の観察経験、描画のルールについての知識を必要とするかもしれない。

こうした運動表現の観察の場合、仮現運動を示すディスプレーの観察とは異なり、画像の観察においてリアルな動きが見えるというわけではない。表現の意味するところを読み取るにはある程度の経験を必要とするだろう。それでも、ある程度この運動表現に接した経験のある人であれば、それほど努力しなくても、どのような動きが表現されているかは分かるはずである。

このような画像の観察から動きを読み取る過程にも、運動の検出器からリアルな運動の感覚を引き起す過程と共通する基盤を持つことをうかがわせる研究がある。その研究によれば、静止画像の観察によっても、実際の運動や仮現運動を観察したときと同じように、運動残効を引き起こすことができる。例えば、疾走する車や馬など、同じ方向に進むさまざまな対象を示す写真を数秒ずつ繰り返し何枚も次々に観察した後で静止した画像を観察すると、写真が示していたのとは逆方向のリアルな動きが見える。つまりは、実際に運動する刺激を見た後と同じような運動残効が生じる。

写真の観察から運動残効が生じるということは、画像から進行方向を読み取る過程でも、実際の運動や仮現運動の知覚を成立させるのと同じ過程が関与していることが推測される。ただし、こうした写真観察で生じる運動残効の強度は、実際に運動する刺激を同じ程度の時間観察した場合と比較するとやや弱い。

絵画や写真の観察は、進化の過程の中ではごく最近になって接することになった刺激である。そこから運動を読み取ることももちろん人間が最近になって取り組み始めた認知的課題だろう。そのような「新しい」刺激の観察、「新しい」課題でも、特別なトレーニングを積むことなく動きが見えることの基礎には、進化の過程で獲得された運動の処理過程が関わっている可能性がある。実際の対象の運動や視点の移動によって生じる網膜像の変化から動きを検出するために進化の中で獲得された過程は、人間自身が創り出した描画から動きを読み取ることにも関与しているからこそ、画像の観察において誰もが同じような動きを見て取ることができるものと思われる。

テニスの誤審を引き起す動きの錯覚

動いている対象の観察において生じる錯視もある。例えば、動いている対象の位置が進行方向側に行き過ぎて見えるという錯覚がある。動いている対象があり、それが途中で突然消えたとする。この対象が消えた位置は、実際に消えた位置よりも進行方向側にズレていたように見える（図5-12）。この現象は**運動表象の惰性**（Representational Momentum、略して**RM**）と呼ばれる。

このRMの現象は、車輪や車の映像など、動いているように見えやすい特徴がある場合ほど大きくなる。

例えば、車輪の画像の場合、車輪が転がることを示すようにホイールを回転させると、ホイールが固定していた場合より錯視が大きくなる。また、車輪の進行方向とホイールの

図5−12　運動表象の惰性
回転運動する棒状の刺激の観察では、運動の最終地点が実際（黒実線）より行き過ぎて（灰点線）見える。

回転方向が逆だと、錯視は小さくなる。がたがたしたぎこちない運動よりもスムーズな動きの方で錯視が大きくなる。さらに、下向きの運動の方が上向きの運動よりも大きな錯視を生じる。重力方向に一致した動きの方が逆方向の動きよりも静止により大きな抵抗があることを視覚のシステムが織り込んでいるかのようである。これらのことは、ＲＭの現象の成立の基礎にある運動刺激の位置に関する知覚に、対象の特性についての比較的高次の認知過程が関与していることを示唆している。

この錯視は、例えばテニスのゲームにおけるボールのラインアウトかラインインかの判定に影響を及ぼしていることが指摘されている。つまり、テニスボールが着地したのがラインの外側か内側かの判断を行う場合、着地点の見えがボールの進行方向側にズレる。

テニスの四大大会（グランドスラム）の一つ、ウィンブルドン選手権に関しては、プレーヤーが審判の判定に異議を唱え、コンピューター映像による再判定を求めたうちの45パーセントはこの錯視による審判の誤判断であった可能性がある。ウィンブルドン大会が芝コートであるのに対し、クレー（土）コートの全仏オープンは、土にボールの跡がつくので誤審は少なくなりがちだが、他の二つの大会でもボールの着地跡が残らないコートなので、ウィンブルドンと同じ程度の誤審がこの錯視により生じている可能性が高い。

テニスの審判は、このような判断のトレーニングを積んでいるため、おそらくは一般人よりも正確な判断を行うことができるはずである。それでも相当程度の誤審が生じるということは、ボールの着地位置のような動く対象に対する一般人の日常的な位置判断においても、進行方向側にズレて見えるという錯視が生じていると考えた方がよいだろう。

フラッシュラグ効果とオフサイドの誤審

動いている対象の位置が進行方向側にズレて見えるという現象は、**フラッシュラグ効果**

図5−13　フラッシュラグ効果
運動する刺激のそばに瞬間的に刺激を提示（フラッシュ）すると、実際には整列した位置関係（黒実線）であっても、運動刺激がやや行き過ぎた位置にあるとき（灰点線）にフラッシュが提示されたように見える。

や**フレーリッヒ効果**と呼ばれる錯視においても認められる。この現象は、運動している刺激と並んだ位置に刺激を瞬間的に提示した場合（フラッシュを提示した場合）、動いている刺激が進行方向側にズレて見えるというものである（図5−13）。

フラッシュラグ効果は、観察者自身がボタンを押すことなどでフラッシュ提示のタイミングを決定した場合や、観察者自身がマウスを使って運動刺激の運動をコントロールする場合に小さくなる。

また、フラッシュや運動刺激に注意を向けた場合にもフラッシュラグ効果は減少する。観察者の能動性によるフラッシュラグ効果の減少は、刺激の運動やフラッシュの提示に対する能動的な操作が、知覚情報処理の精度を高め、それにより錯視が小さくなることにもとづいて生じるものと考えられる。フラッシュラグ効果による運動刺激と突然生じた出来事との間の相対的位置に関する錯視は、日常生活でも起り得る。例えば、暗い中を走行する電車のパンタグラフで生じるスパークは、実際にはパンタグラフの位置で生じているはずだが、パンタグラフのやや後ろ側で見えやすい。

また、前著『大人の時間はなぜ短いのか』でも紹介したが、フラッシュラグ効果は、サッカーにおけるオフサイドの誤審を増やしているものと考えられる。攻撃側の選手が相手陣でプレーする際、防御側の選手よりもゴールに近い選手に向けてパスを出すとオフサイドの反則になる。攻撃側の選手にこの反則を取らせるため、防御側の選手は、ボールを持つ相手側の選手がボールをけり出す瞬間をねらって一斉に防御の最終ラインをゴールから相手陣側に向けて上げることがしばしば行われている。この場合、ゴールに向かって走っている最前線の選手の位置は、パスを出す瞬間（つまりはフラッシュと同様に突発的な出来事が生じる瞬間）の実際の位置よりも進行方向側にズレて見える。このとき、もし防御側の

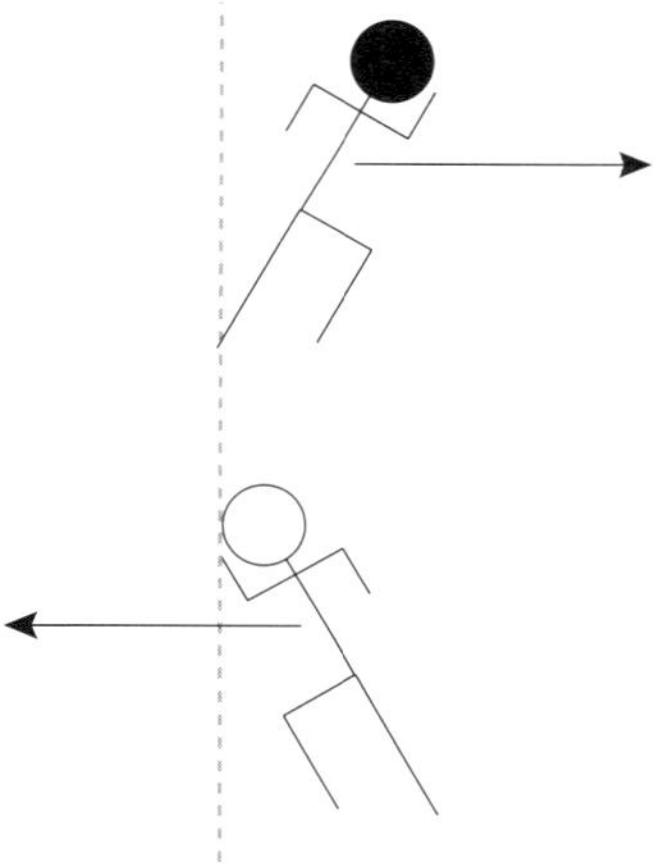

図5−14　フラッシュラグ効果とサッカーのオフサイド誤判定
攻撃側の選手にパスが出た瞬間（フラッシュ）、実際には防御側の選手（黒）と攻撃側の選手（白）が並んだ位置にいたとしても、攻撃側の選手が実際よりも進んだ位置にいるように錯覚されるので、オフサイドの誤判定が生じやすい。

選手が防御の最終ラインを変えるために相手ゴール側に向かって走っていた場合、その位置も実際の位置よりも進行方向側にズレて見えることになる（図5−14）。

このような攻撃側と防御側の選手の動きは、試合の中できわめて頻繁に起る。その際の攻撃側の選手と防御側の選手の位置についての判断は、時にはゲームの帰趨《きすう》を決定する重要なものになる。このような大事な判断に誤審があり、それが試合結果を左右するとしたら、選手も審判も、またファンも、この錯視の影響を無視できないだろう。

フラッシュラグ効果は、運動刺激やフラッシュについて予測がつかないときに顕著に大きくなる現象である。そのため、攻撃側の選手が線審の予測とは異なるようなトリッキーな動きをしたときほど、フラッシュラグ効果による誤審が起きやすくなると推察される。

このように、運動表象の惰性（RM）にしてもフラッシュラグ効果にしても、正確な判断を期待されているスポーツの判定において、ゲームの帰趨に影響を及ぼすような誤審を引き起す可能性がある。審判や選手は日常的に位置についての知覚のトレーニングを積んでおり、一般人よりは精度の高い判断ができるのかもしれない。それでも、第1章で解説したように、経験や知識が錯視の生起を回避することにはつながらないことを考えると、いくらトレーニングを積んでも、これらの錯視が生じなくなることは期待できない。また、特にトレーニングを積んでいない一般人の場合、動いている対象の位置については数多くの「誤審」を重ねているものと考えられる。この問題については最終章でも再び取りあげる。

第6章　無い色が見える——色彩の錯視

晴れた空が青く、雲が白く見える理由

色彩とは何だろう？

照明光が物体の表面などに当たると、その一部はその物体に吸収されるものの、表面の特性によって一部は反射される。光が特定の物質の表面で吸収されるか反射されるかは、その光の波長と表面の物性的な特性との相性によって決まる。

光のそのような特性に注目すると、周囲を見渡した際に眼に飛び込んでくる光は、目に

しているさまざまな物体表面の反射特性と関連していることが分かる。今自分の周囲を見渡して何らかの物体の表面が見えるのであれば、その色の見え方は、その物体の表面が吸収せずに反射した光に大きく依存している。晴れ渡った空が青く見えたり、そこに浮かぶ雲が白く見えたりするのも、大気中のさまざまな物質の反射特性を反映している。大気中のさまざまな分子にぶつかると短波長の光ほど散乱するので空は青く見える。また、雲を形成する水の分子がどの波長の光も反射するので、雲は白く見える。

しかしながら、我々が見る色彩は、照明光と表面の物質的特性や大気中の光の拡散の組み合わせだけで決まるわけではない。むしろ、そうした照明や反射、拡散を経て眼に入った光を神経信号に変換した後の過程が色彩の見えに大きく影響している。

見かけの色彩決定の仕組み

特定の周波数の範囲の電磁波が見えるのは、第4章でも説明したように、光を吸収することにより壊れる色素を我々の網膜の視細胞が持っているからである。人間の網膜には三種類の錐体《すいたい》と呼ばれる視細胞があり、それぞれが、異なる波長の光によって分解する色素

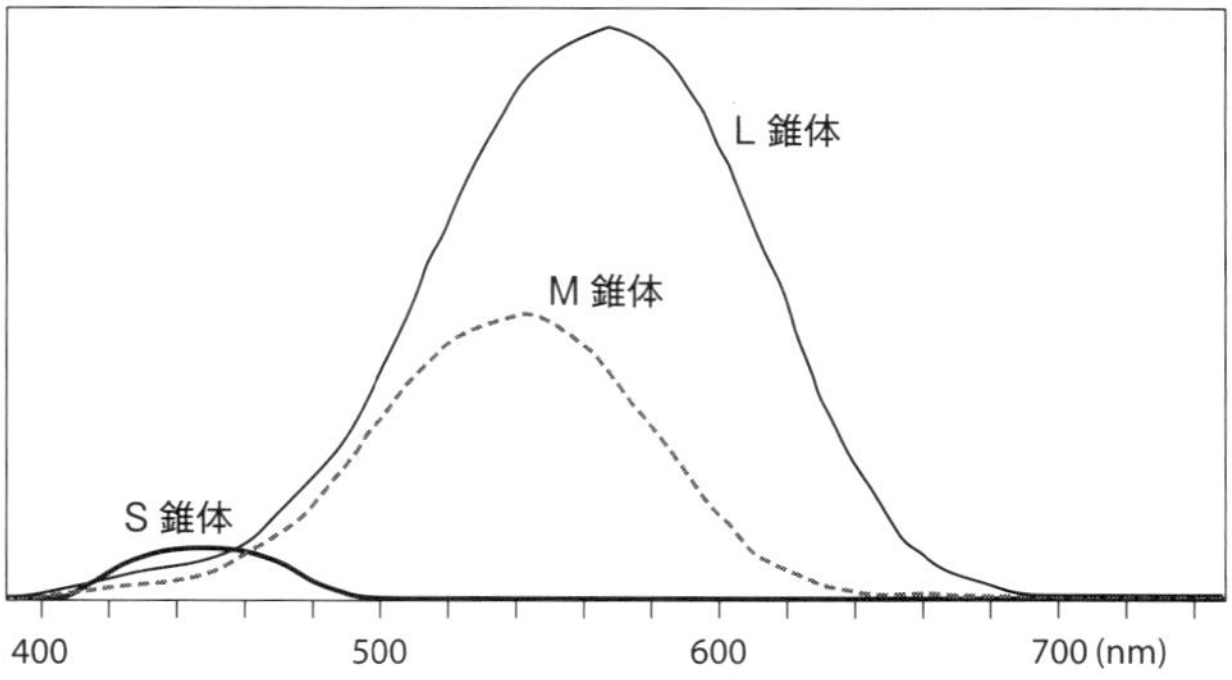

図6－1　3種類の錐体が含む視物質の吸収スペクトル
3種類の錐体の割合をもとにそれぞれの波長に対する興奮特性を示す。

を持っている。この三通りの錐体の活動状態の組み合わせが色覚の基礎にある。

それぞれの色素が壊れやすい光の波長に近い光が強いほど、その錐体は強く興奮する。それぞれの錐体が最適に対応づけられている光の波長は、その錐体が持つ基礎が最も吸収しやすい波長に対応している。その波長は、低い方からおおよそ440、534、564ナノメートルと言われており、これら三通りの色素を持つ錐体はそれぞれS錐体、M錐体、L錐体と呼ばれている。S、M、Lはそれぞれ短波長（Short range）、中波長（Middle range）、長波長（Long range）を意味している。

それぞれの錐体は、これら最適に対応している波長とは異なる波長の光であっても、最適に対応づけられた波長と近ければ、その近さに対応した強度で活性化される。図6－1は、それぞれの錐体が、さまざまな波長の光によって活性化する程度を模式的に示したものである。

このように、さまざまな波長の光が眼に入ってきた場合、その光の波長の組み合わせに対応して、三種類の錐体がさまざまな程度で活性化される。三つの錐体の活動パターンの組み合わせによって、見かけの色彩が決定される。そのため、最適に対応づけられた光の波長が3パターンしかないのに、それよりも多くの数の色彩が見えることになる。

なお、対応づけられた波長の色光の強さに応じて活性化の程度が変動するのは個々の視細胞においてであるが、網膜ではそれよりもさらに色覚の基礎的な処理が進められている。L錐体とM錐体との活性の程度の差異についての（つまりは赤と緑の違いについての）処理系と、L錐体とM錐体両者の活性度の差異とS錐体の活性の程度との差異についての（つまりは黄と青の違いについての）処理系、明るさの程度についての（つまりは白と黒の違いについての）処理系がある。

この赤と緑、黄と青、白と黒との組み合わせは、対のどちらか一方の色光をしばらく持続して観察した後に生じる残像の色彩が対のもう一方となることから、**反対色**と呼ばれる。この反対色の組み合わせは、網膜上にある水平細胞やアマクリン細胞と呼ばれる細胞における処理に関わっているものと考えられている。網膜以降の段階には、この反対色の組み合わせに関する処理の情報が用いられることになる。

肉眼で星の色が見えにくいのはなぜ?

光が弱いと色が分からないことがある。これは、十分に強い光でないと、錐体の色素が分解せず、光が神経信号に変換されなかったり、神経信号自体が弱く、ノイズの多い神経活動の中で埋もれてしまったりするのであろう。ただし、錐体の活動を引き起こさないほど弱い光であっても光が見える。これは、錐体よりも感度の高い視細胞である桿体《かんたい》の活動によるものである。桿体は、錐体よりも弱い光で分解する色素を持っている。そのため、錐体よりも10^6分の1ほどの強度の光であっても見えることになる。

桿体の持つ色素は一種類であるため、さまざまな波長の光が当てられたとしても色彩が見えるわけではなく、無彩色的な知覚が生じる。読者も、暗い星の色など、肉眼では見え

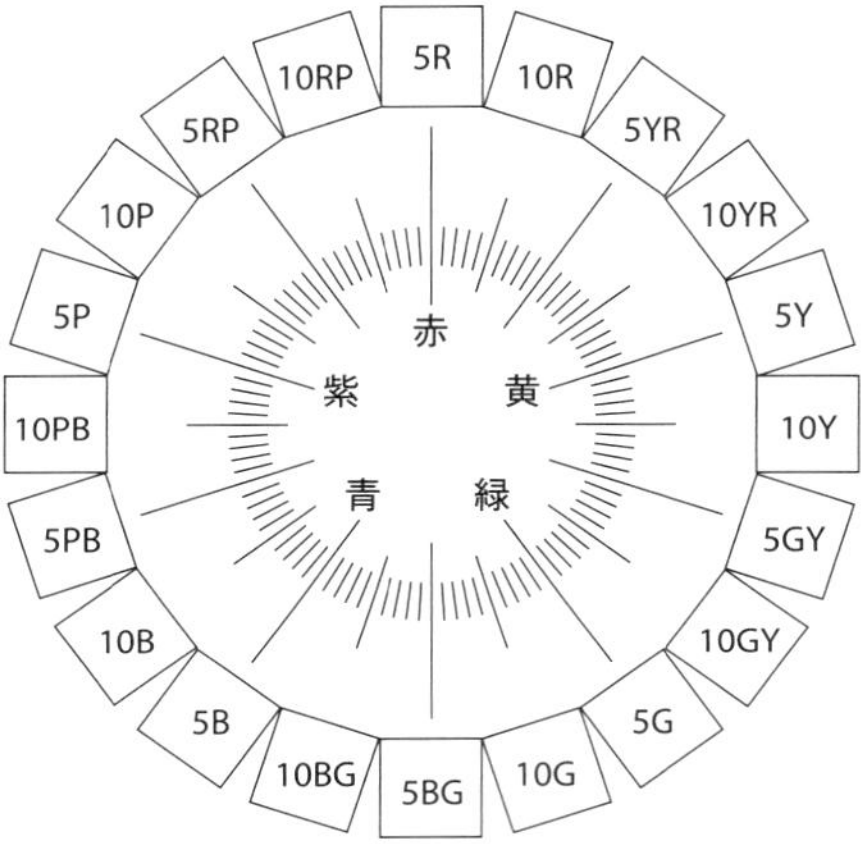

図6−2　マンセル表色系における色相環
Rは赤、YRは黄赤、Yは黄、GYは黄緑、Gは緑、BGは青緑、Bは青、PBは青紫、Pは紫、RPは赤紫を意味する。

にくいことに心当たりがあるのではないだろうか。天の川も、特に都会などではずいぶんと弱い光なので、あまり色彩は見えないことだろう。ただし、同じ星を望遠鏡などで観察すると、肉眼よりも大きな範囲の光を集めることになるので、光の強度も強くなる。この場合、肉眼では見えていなかった星の色が見えやすくなる。

色彩の3属性における錯視

色彩には三つの属性がある。**色相**(色彩の種類。赤、黄、緑、青といった名称がつけられる)、**彩度**(色彩の鮮やかさ。

彩度を極限まで落とすと**無彩色**になる)、**明るさ**の三つである。これら三つの属性それぞれに関して錯視がある。

この三つの属性のそれぞれを異なる方向性の軸として表現することができる。このような手法で色彩を空間的に表現する代表例に**マンセル表色系**がある(図6-2)。この表色系では、各色相を10段階に分ける。最も典型的な色相は5番目の値を与えられている。中心は無彩色で、より周辺ほど彩度が高くなる。

人間の色覚特性にあわせてこれを立体的に構成した場合(**色立体**)、歪んだラグビーボールのような形になることになる。下方ほど暗く、上方ほど明るい。この色立体が歪んだ形になるのは、人間の色覚の場合、青や緑系統の色彩の彩度が最も高くなるのは明度が低い色光においてであるのに対し、黄色系統の色彩の彩度が最も高くなるのは明度が高い色光であることによる。

人間の祖先もかつては金魚と同じ「4色型」だった

実は、魚類、両生類、爬虫《はちゅう》類、鳥類には人間よりも多い4タイプの錐体を持つ種が多く存在している（例えば、金魚、メダカなど）。このうち3タイプは人間のS、M、L錐体と重なる領域の波長に対応している。4タイプ目の錐体は、さらに紫外領域の波長の光に対応している。

我々人間を含む哺乳類の祖先も**4色型**の爬虫類から進化したため、初期には4タイプの錐体を持っていたものと考えられている。しかしながら、進化の過程で、大型爬虫類が地上で支配的であった時期に夜行性となり、その後も夜間に行動することが多かったため、四つのタイプの錐体のうち中波長領域と紫外領域の波長に対応した2タイプの錐体を失ったようである。多くの哺乳動物の色覚は**2色型**のままである。

ところが、その後、昼間の活動が盛んになったことによるのであろうが、霊長類に関しては、長波長領域に対応したL錐体の変異により中波長領域に対応したM錐体が復活した。このM錐体の復活により、霊長類は、緑から赤にかけての色彩の弁別ができるようになった。この赤と緑の軸での色の弁別はどのような環境の変化と対応していたのかははっきりしていない。しかしながら、M錐体の復活により、何らかの点で生存に有利になったのだろうと考えられる。

例えば、赤と緑の間の弁別ができるようになったことで、まだ新しい果実の中から熟れた果実を見つけることができる。したがって、樹上生活での栄養源の発見における優位性が、M錐体の復活の重要な淘汰《とうた》による差を生む要因だと考える研究者も多い。ただし、植物の進化の過程で熟れた木の実が赤く熟すようになった時期と、霊長類のM錐体が再獲得された時期とは必ずしも一致していない。

M錐体の復活と顔の表面から毛が減ったことが時期的に一致していることに注目している研究者もいる。人間や多くの猿の場合、興奮すると、顔の表皮における血行が盛んになるために顔が赤くなる。表情の認知において感情を読み取ることは、群れの中でうまくやっていくだけではなく、群れ全体における円滑なコミュニケーションにとっては重要であるに違いない。実際、M錐体が復活した多くの霊長類は群れで行動し、高度な社会的コミュニケーションを行っていることがうかがわれる。コミュニケーションのなかで顔色からさまざまなことを読み取ることができるようになったことが、その群れとして、また、霊長類の生存にとって有利だったのだとしたら、それはM錐体の復活にとっての主要な淘汰による差を生む要因にもなりそうである。

明るさや色彩の知覚における錯視

前述したように、色彩の三つの属性である色相、彩度、明るさそれぞれに関して錯視がある。代表的な色彩の錯視に**コントラスト**（対比）**錯視**（図6-3）がある。このコントラスト錯視は、差を強調するような機能にもとづく。差の強調には空間的なものと時間的なものとがある。空間的なコントラストでは、特性の異なる二つの領域がある場合、それらの差が強調される。時間的なコントラストでは、二通りの刺激を連続的に提示する際、後で提示された刺激の見えにおいて、最初に提示された刺激とは逆の特性が強調される。

色彩の3属性である色相、彩度、明るさのそれぞれにこのコントラスト錯視がある。例えば、色相の見えに関しては、色の見えは赤と緑、黄と青、白と黒との組み合わせが「反対色ペア」の次元の組み合わせによって決められる。

色相の空間的コントラスト現象としては、赤い背景の中に灰色刺激を提示すると、その灰色がやや緑色に見え、緑背景の中の灰色刺激はやや赤色を帯びているように見える。彩度の高い背景に囲まれた領域の彩度は低く見えるし、彩度の低い背景に囲まれた領域の彩

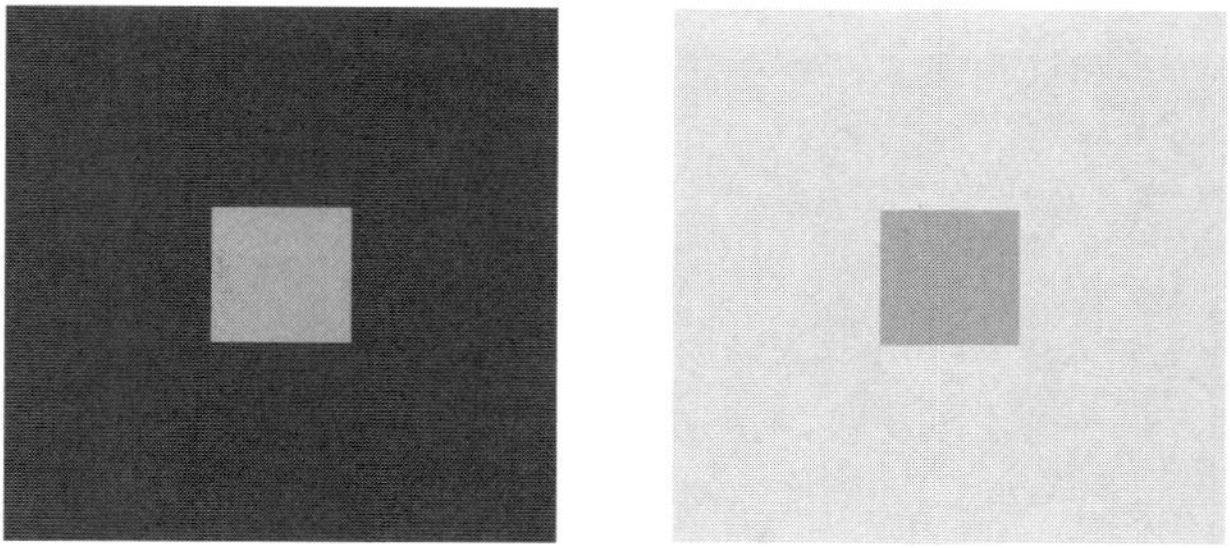

図6-3　コントラスト錯視
中央の正方形はどちらも物理的には同じ明るさであるが、周囲が明るい右側よりも周囲が暗い左側の方が明るく見える。

度は高く見える。同じ明るさの灰色であっても、背景が黒ければ、より明るく見えるし、逆に、背景が白ければ、その同じ灰色がより暗く見える。

色相の時間的コントラスト現象としては、赤色もしくは緑色をしばらく見た後に無彩色面を見ると、それまで見ていた色の反対色である緑色や赤色が見える。この現象は**陰性残効**とも呼ばれる。彩度については、高彩度の画面を見た後に見た色光の彩度は低く見えるが、低彩度の画面を見た後では同じ色光がより高彩度に見えるのだ。明るさについては、暗い刺激を見た後に別の刺激を見ると明るく見えるが、明るい刺激を見た後では同じ刺激がより暗く見える。

このように、コントラスト現象は空間的もしくは時間的に隣接する二つの色光の間の色相、彩度、明

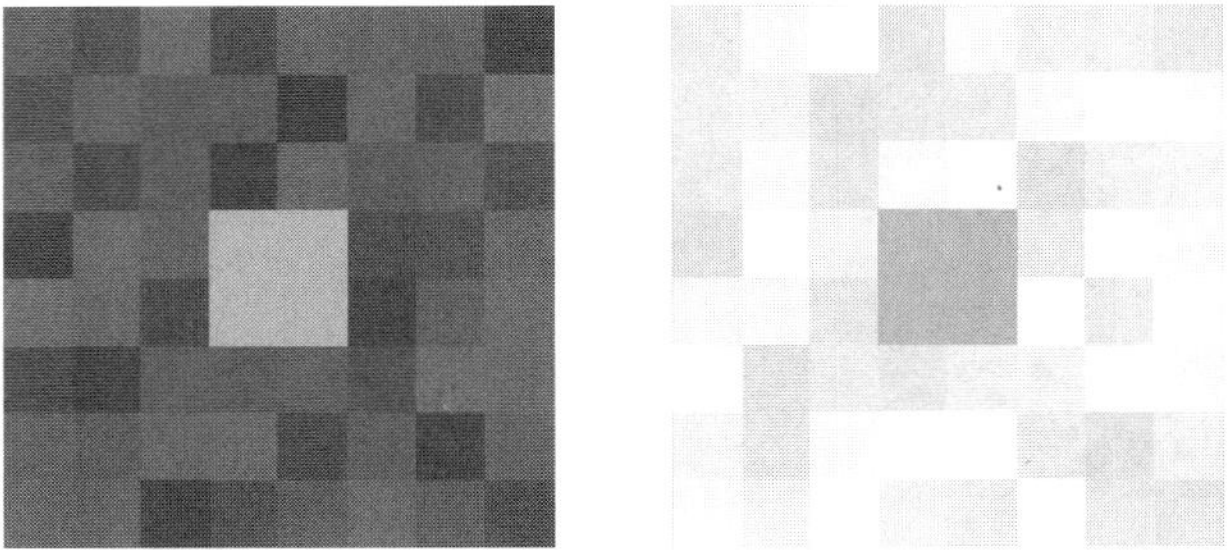

図6－4　分割された背景でのコントラスト錯視
一様な明るさの背景よりも錯視が大きくなりやすい。

るさの差を強調することで、無彩色の色光を実際に提示された色光の反対色に見せたり、中程度の彩度や明るさの色光を実際に提示された色光と反対の極性の色光に見せることになる。この現象は、明るさや色相の見え方が、空間や時間における相対的な関係によって決定されることを示している。

なお、このコントラスト現象は、刺激の領域をより細かく分割した方が生じやすい（図6－4）。細かく分割された領域の間の色彩を処理する過程で、色彩の属性の差異がより強調されるのである。

違う色が同じように見える「同化現象」

色彩の属性の異なる領域が時間的もしくは空間的に隣接する場合、色彩の差異の強調ではなく、二つ

図6−5a　コントラスト錯視が起きやすい配置
中央の横長の2本の灰色の帯は、周囲と比べると、左はより暗く、右はより明るく見えやすい。

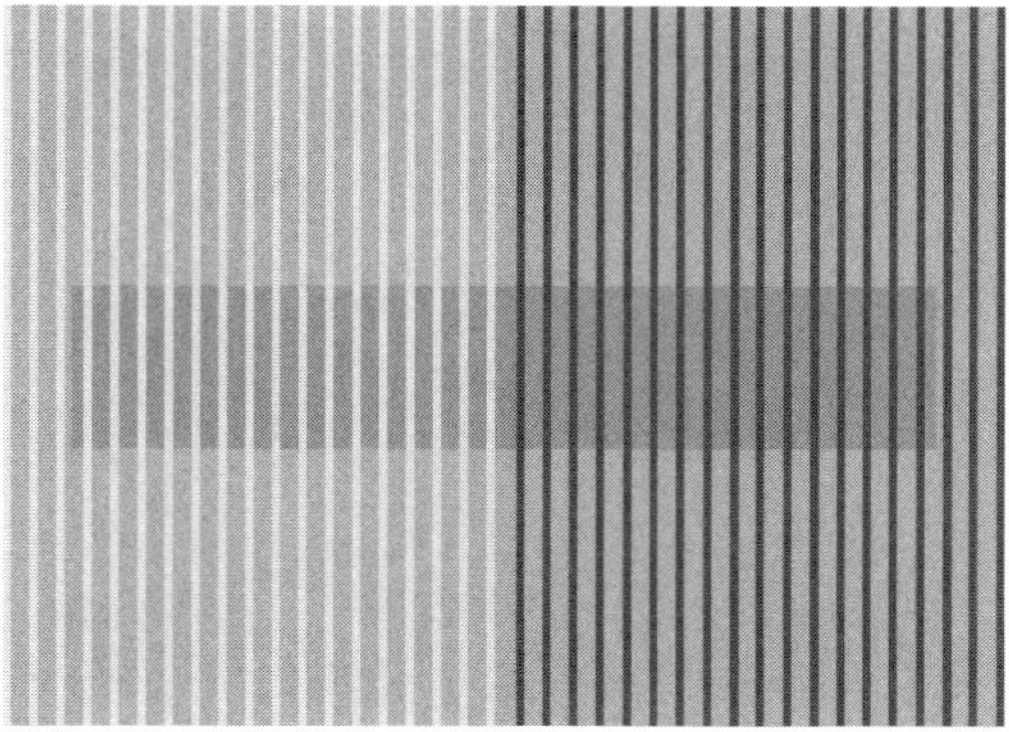

図6−5b　同化が起きやすい配置
中央の灰色の帯は、周囲と同様に左は明るく、右は暗く見えやすい。

の色彩を類似させる現象も存在する。例えば、色相や彩度、明るさのいずれか、あるいは、これらのうち複数が異なる色光を点描画法のように小さな刺激としていくつも配置すると、その領域の全体の色彩の見えにおいては、細かく配置された色光の間の差の強調ではなく、平均化のように見える。この現象は、**同化**と呼ばれたり、小さな刺激から色彩が滲《にじ》み出たようにも見えるので滲出《しんしゅつ》と呼ばれたりする。

このように、同じような色光なのに、ある場合には色彩の差異を強めるようなコントラスト現象が生じ、ある場合には色彩の差異を弱めるような同化現象が起る。同じ色の組み合わせなのに、色光の差異について逆の現象が起るということで、ややこしい話のように思われるかもしれないが、これらの現象のどちらが生じるかはおおむね予想できる。

図6-5aのように、比較的大きな刺激を組み合わせた場合にはコントラスト現象が生じ、図6-5bのように小さな刺激を提示した場合には同化現象が起りやすい。つまりは、色光の差異が比較的大きな領域間にあるのか、それともごく小さな画素の間にあるのかで、起る現象が真逆になるのである。

このような特性があるため、点描画の観察では面白い現象が起る。ある程度の遠い距離から点描で描かれた絵を見た場合、点描は小さく見えたり、あるいは、周囲に埋もれてもはや各々の点は見えなかったりする。こうした場合、色の同化によって点描の施された部位では色彩が平均化されやすい。ところが、同じ領域をごく近い距離で観察すると、一つ一つの点が見えの上では大きくなり、絵の具のタッチまでも見える。こうなると、遠くから眺めた場合とは逆に、各点とその周囲との間の色彩の違いを強調するコントラスト現象が生じやすい。

点描は印象派の時代の画家たちによって多用された描画法である。スーラやピサロ、シニャックが有名だが、モネやゴッホもこの画法を使っている。この画法で描かれた絵画は、観察距離を変えると、見える色彩がまったく異なる。印象派時代の画家は、こうした特性を知った上で作品を制作していたようである。

また、点描だけではなく、印象派時代の絵画は、光の（あるいは色覚の）特性を意識して絵画の制作が行われていた。印象派時代の絵画には、近距離、中距離、遠距離、と見る距離を変えるだけで色彩や描かれている対象の見え方が大きく変わるものも多いので、読者も機会があれば試してみてはどうだろう。

周辺の色との関係で生じる「ホワイト錯視」

図6-6に示したのは**ホワイト錯視**と呼ばれる明るさの錯視である。白黒の縞《しま》模様のうち、黒縞と白縞の一部を同じ灰色にした場合、黒縞にはさまれた部位の方が明るく見える。縞模様の代わりにドットを用いた場合も、同様の明るさ錯視が生じる。

灰色の縞やドットとその周囲との間の明るさの差が小さくなっているため、コントラストよりも同化にもとづく現象と言えるかもしれない。ただし、縞やドットの周囲とさらにその周囲との間の明るさの差が強められていることを見ると、コントラスト現象も関わっているものと考えられる。

色相についてもホワイト錯視と類似した現象があり、こちらは**ムンカー錯視**と呼ばれている。ホワイト錯視と同様の縞模様やドットと外側の領域に青紫や黄色を配置し、また、縞模様やドットの周囲に赤を持ってくると、それがオレンジ色や赤紫に見える。赤色の代わりに緑色を用いると、それが黄緑や深緑に見える。黄色と青紫の領域により、同じ赤色や緑色が異なる色相に見えることになる。この現象も、縞模様やドットとそれに隣接する

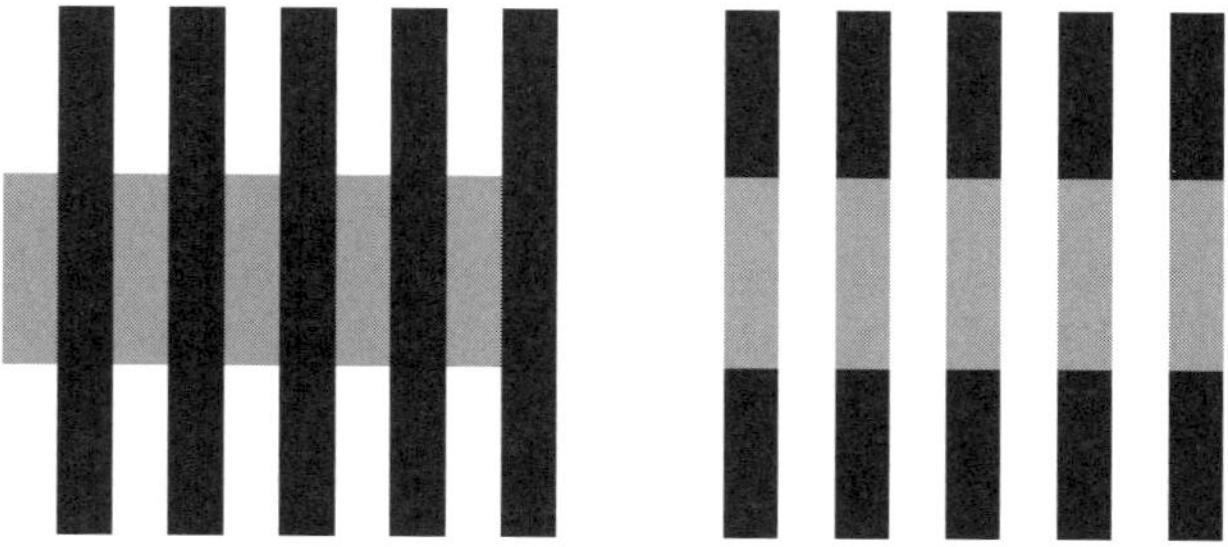

図6−6　ホワイト錯視
中央の灰色の帯は左右で同じ明るさだが、右の方が左よりも明るく見える。

領域との色相の差が小さくなっているので同化が関わっていると思われるが、外側の領域との色相の違いは強められている。そのため、ホワイト錯視と同様に、同化現象だけではなくコントラスト現象も関わっているものと考えられる。

周辺の色彩との関係によって生じるこれらの明るさや色相に関する錯視は、見かけの明るさや色相を決定する様式が、刺激の空間的特性によって異なることを示唆している。

塗っていない色が見える「水彩効果」

白色の背景に対して、緑色と明るい黄色の二重輪郭の黄色側が囲む領域は、薄い黄色が一様に塗られたように見える。この場合、輪郭で囲まれた領域に

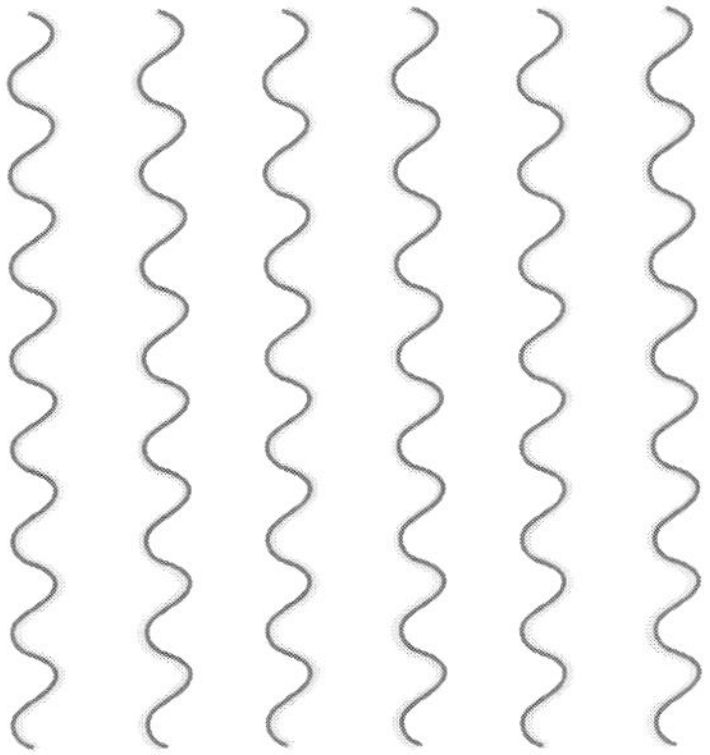

図6-7　墨絵効果
灰色の曲線で挟まれた領域は灰色がかって見える。

輪郭の黄色が広がるので、一種の同化現象が関わっているものと考えられる。黄色以外の色彩を用いた場合でも、内側の輪郭が外側の輪郭よりも明るければ、内側の輪郭の色彩が二重輪郭で囲まれた領域に広がる。

これらの現象は、水で薄く延ばした水彩絵の具で描かれた色彩のように見えるので、**水彩効果**と呼ばれている。二〇〇一年に発見された比較的新しい色彩の錯覚である。

本書では色彩を直接に示せないので、明るさの異なる灰色を組み合わせることで生じる**墨絵効果**を示す（図6-7）。明るい灰色ではさまれた領域に淡い灰色が塗られているように見える。これらの現象は、絵の具を使わなくても、広い範囲にわ

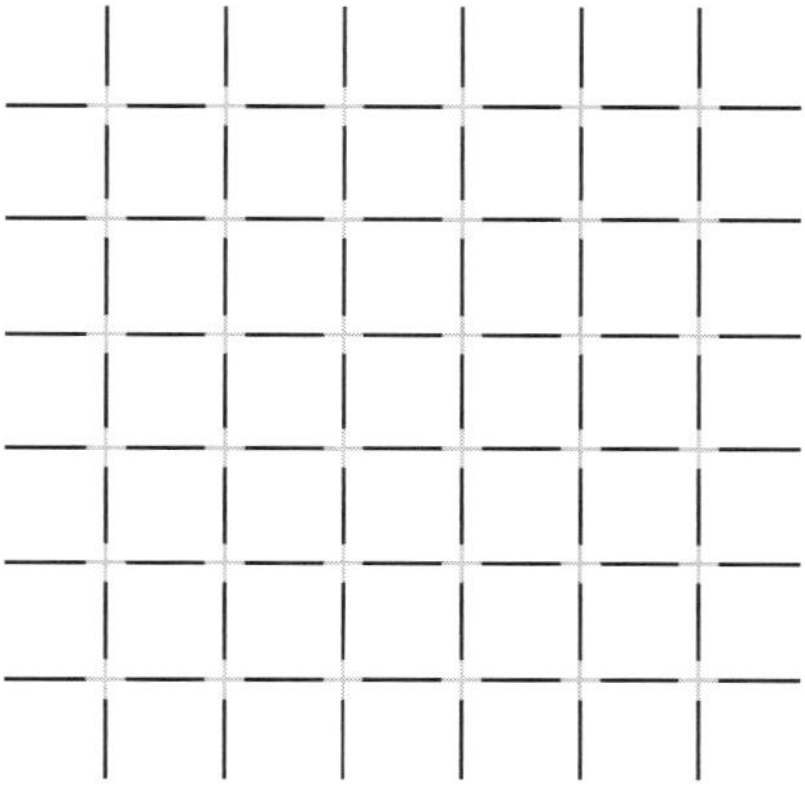

図6－8　ネオン色拡散
格子の交わる部位の十字の灰色が拡散するように見える。

たって一様な色彩を表現できることを意味している。

また、外側の輪郭と内側の輪郭に赤紫色と赤色、黒と青色、緑色と青緑色を用いた場合も、輪郭の内側は薄い黄色が一様に塗られたように見える。この場合、輪郭には黄色は用いられていないので、先の場合のように同化現象では説明できない。外側輪郭の補色が輪郭の内側に拡散するという、対比に関わるような処理が介在していることが指摘されている。

色が広がって見える「ネオンカラー拡散」

水彩効果のように薄い色彩が見える現象に**ネオンカラー拡散**がある（図6－8）。例えば、白色の背景の上で、黒い垂直線と水平線からなる格子のうち、垂直線と水平線が交わって十字になっている部分だけ赤や青などの有彩色とした場合や、灰色にした場合には、その十字の部分の色彩がその周囲まで広がっているように見える。十字になる部分を覆うようにうすぼんやりと半透明のセロハンがかぶせられているようにも見える。

連続的に並んでいる曲線や直線の一部だけ色彩を変えることによっても同様の色彩の拡散現象が生じる。図の中の一部の色彩が広がるところから、同化現象に関係した過程が介在しているものと考えられる。色を変えた部分とその周囲との間に明確な境界が隠されると、この現象は生じにくい。

また、色彩の違いが生ずる部位の連続性が崩れると、現象が弱くなる。そのため、明確な色彩の差異の連続性による領域の分割がこの現象に関わっているものと考えられる。領域がひとまとまりのものとして処理されると、色彩の情報がはっきりした色彩のない領域まで広げられてしまうようである。どうやら、限られた視覚情報からうまく対象を背景の中から区別する過程が引き起す錯視と思われる。

色彩の恒常性と「マッハの本」

ここまで、見かけの色彩が、色光の波長や配色における時空間的特性といった視覚刺激の色光そのものに関わる要因によって影響を受けることを見てきた。しかしながら、見かけの色彩は、網膜上に投影された色光に含まれる光の波長や、空間的もしくは時間的に隣接する色光間の差異の強調や同化だけで決まるわけではない。視覚のシステムは、色光そのものに関わる要因だけではなく、そうした色光を反射した表面の立体的形状や照明光に関わる要因も見かけの色彩を決定する上で利用している。例えば、日常生活の場面において、屋内から屋外に出るときには大きく照明が変化することになる。当然、網膜上に投影されるさまざまな波長の色光の強度は大きく変化することになる。

ところが、このように照明環境が変わっても、自分や他人が着ている服の色などが変わったように見えることはほとんどない。屋内から屋外への移動では大きく照明が変化するが、屋内での移動でも照明光源からの距離が変わると、実際には網膜上に投影される色光の強度は大きく変化している。しかしながら、そうした照明光の変化はほとんど気づかれない。

これは、得られる刺激の変化に対して知覚される内容が変化しにくい**恒常性**の一つで、**色彩の恒常性**と呼ばれる現象である。色彩の恒常性の現象の成立は、照明光や対象の表面から得られる反射光の変化に対して、対象の実際の反射特性が変化しにくいという実際の環境特性と対応している。

この恒常性は、得られる情報が多いほど強力になる。逆に、十分な情報が得られなければ、実際の色彩の変化に対応した知覚が成立しやすい。

情報が少ないために恒常性が成立しにくくなる現象の例に「**マッハの本**」がある(図6-9)。紙を折って机の上に置く。本の裏表の表紙のように見える。この「マッハの本」を観察する際、どちらか一方の面により強く照明が当たっていたとする。とはいえ、この紙を見た場合、二つの面はちゃんと同じ明るさに見えることだろう。明るさの違いに注目したとしても、その二面の明るさの違いは、照明の当たり方が異なることによって生じたものので、実際には同じ明るさであるように見えるはずだ。

ところが、「マッハの本」の全体が見えないようにして観察した場合、見え方はずいぶんと変わる。例えば、紙に空けた穴を通してみると、本の背表紙の部分を境にして、それ

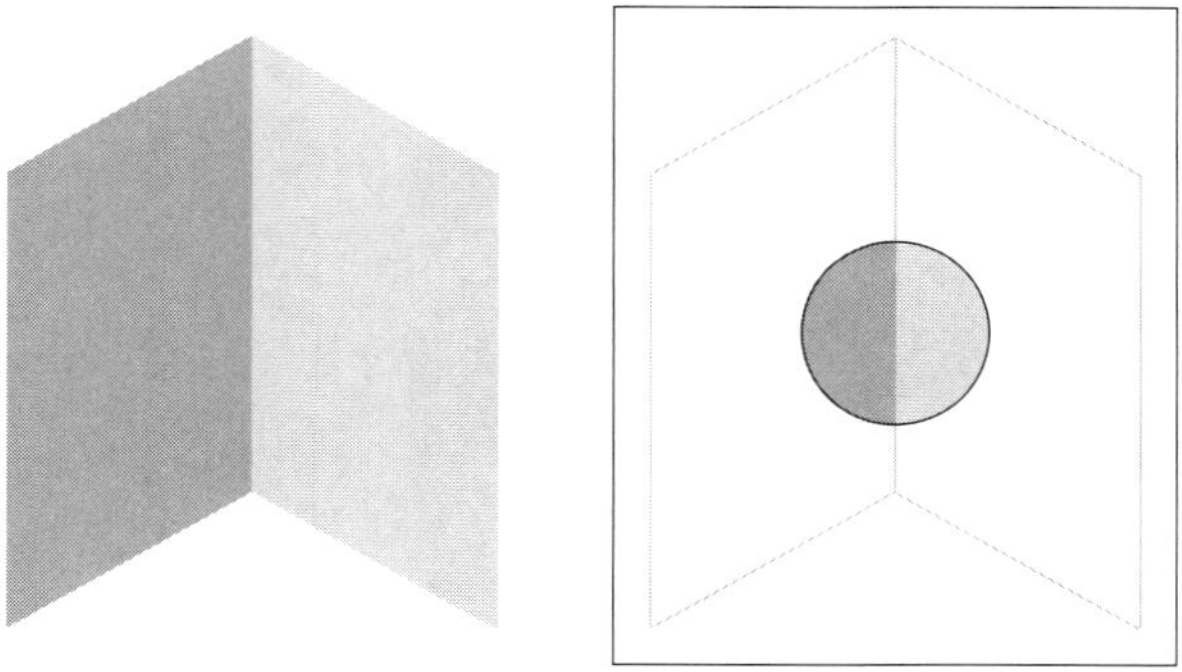

図6−9　「マッハの本」
折り曲げた紙片を見ると、実際にはそれぞれの面の明るさが違っていても（左）、その明るさの違いはあまり目立たない。穴を通して見ると（右）、明るさの違いがはっきり見える。

ぞれの面が異なる明るさであるように見える。

今度は、照明の違いにより面の明るさの違いが生じたとは見えにくく、むしろ二つの面の反射率自体が違うように見えやすい。

これらの観察から分かるのは、視覚のシステムは、照明光源や対象の立体的形状や、表面の反射率、陰影などさまざまな要因が関わり得る網膜像の色彩の特性を、得られた情報に基づいて整合的に解釈しているということである。

こうした処理は、一見論理的な思考にもとづくと思われるような特徴を持つが、思考にもとづく処理ではある程度の時間が必要となる。見え方の決定は1秒もかからないうちに行われているので、実際には無意識的で自動的な高速の

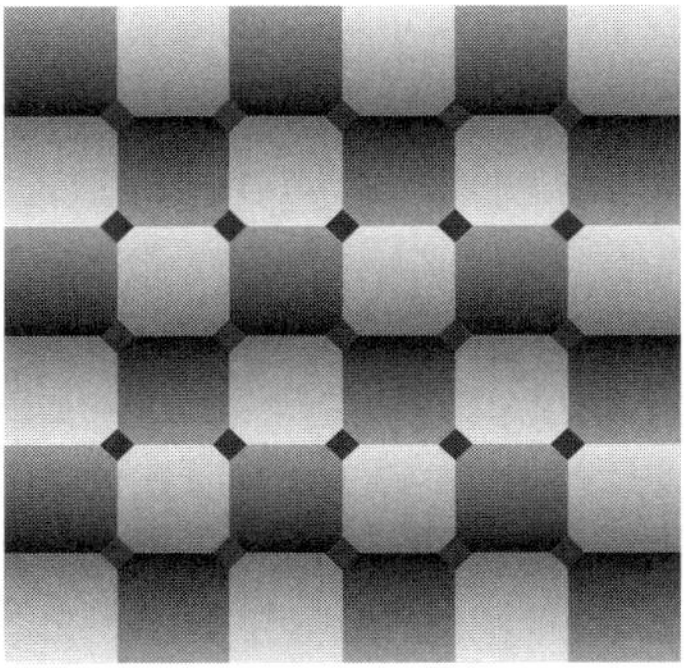

図6−10
ログビネンコ錯視
チェッカーボード状の背景の内外の菱形はすべて同じ明るさであるが、暗い影状の背景上（上から横1、3、5列目）でより明るく、明るい背景上（上から横2、4列目）でより暗く見える。

処理にもとづいているものと考えられる。

同じ明るさが違って見える錯視

照明や明るさについての無意識的で自動的な高速の知覚的処理が色彩の見え方に強く影響していることは、画像の観察にもとづく色彩の錯視でも認めることができる。よい例が**ログビネンコ錯視**（図6−10）である。

この図において、菱形《ひしがた》はすべて同じ明るさである。しかしながら、グラデーション状に陰影がついたように見える領域の菱形は明るく、明るい照明が当たっているように見える領域の菱形は暗く見えることだろう。つまり、紙面では（したがって網膜上では）同じ明るさであっても、暗く影が落ちているように見える領域にあるとより明るく、明るい照明が当たっているように見える領域にある

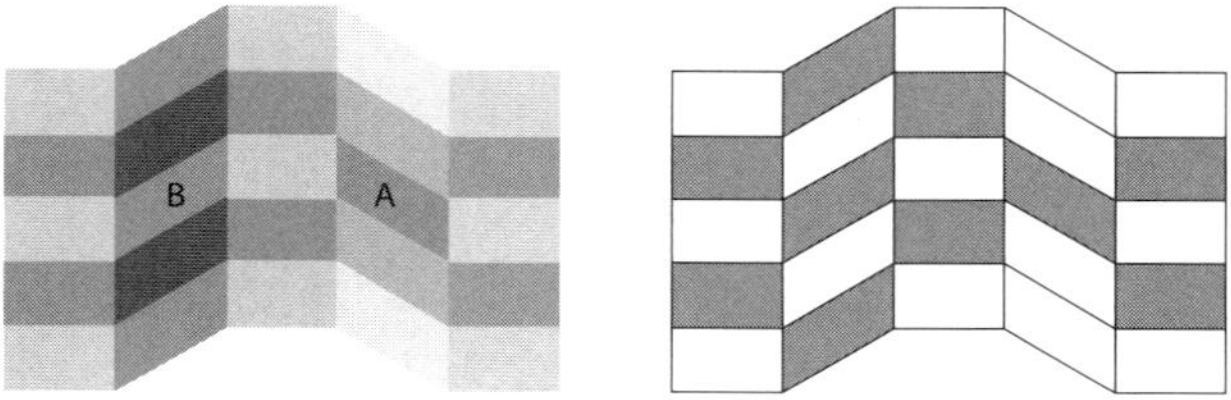

図6−11　歪んだモンドリアン図形
左側では、AよりBが明るく見える。A、Bと同じ明るさの部位を右側に示す。これらの部位が、周囲にさまざまな明るさの部位が示された左側ではそれぞれ違う明るさに見える。

とより暗く見えてしまう。

歪んだモンドリアン図形（図6−11）もログビネンコ錯視と類似の特性を持つ。この図の観察では、折れ曲がった表面のうち、同じように暗い領域が並んでいると、その領域は陰影がついているように見える。この領域とそれ以外の部分に同じ明るさの部分があった場合、暗い領域に含まれる部位の方が見かけ上は明るくなりやすい。図中のＡとＢの領域は紙面では同じ明るさだが、見た目ではＢの方がＡよりも明るく見えることだろう。

これらの現象からうかがわれることは、まず、視覚のシステムが、急激な明るさの変化については、光の当てられた表面の反射特性として処理しているということである。また、大きな領域にわたって明るさが一様に同じ方向に変化し、連続的な明るさの変化もある場合、それは表面の反射特性ではなく、暗い領域は陰影として、明るい領域は強く照明が当てられたことによるものとして、見かけの明るさを決定していることがうかがわれる。

このような処理を行うためには、視覚のシステムはまず、光源が単一で、表面に対して同じように光を照射していることを想定しなくてはならない。また、急な明るさの変化と明るさの一様性は表面の反射特性を反映し、異なる領域における同じ方向への明るさの変化は、表面自体に光が強く当たる部分と弱く当たる部分があること、つまりは表面に起伏があることを想定しているものと考えられる。こうした見かけの明るさの決定様式は、視覚のシステムが、色光そのものに関わる要因だけではなく、視覚刺激から得られる光源や表面の形状的特性に関する情報も見かけの色彩を決定する上で利用していることを意味している。

一番の明るさが見かけの明るさを決める

見かけの明るさに関しては、**係留効果**がある。係留効果とは、視野内の目立つ特徴を基準とし、それとの関係によって他の対象についての知覚的判断を行うことを意味している。

この効果は視覚のシステムが実に簡単な規則で見かけの明るさを決定していることを示している。

つまり、さまざまな明るさの無彩色面が提示された場合、それぞれ色光の物理特性から色光の見かけの明るさが決定されるのではなく、視野の中で最も明るい部分を白色として、見かけの明るさが決定される。したがって、中程度の明るさまでしか提示されなかった場合、それでも一番明るいところは白色に見えるものの、さらに明るい刺激が提示されたときにはそれが白色に見え、それまでは白色に見えていた中程度の明るさの領域は灰色に見えてしまう。この現象も、見かけの色彩（この場合は明るさ）が、提示された色光そのものの特性によって決定されるのではなく、配色全体に関わる要因によって大きく影響を受けることを示している。

カラーディスプレーにおける錯視の利用

我々の生活の中には、テレビやコンピューターディスプレーなど、さまざまなカラーディスプレーが入り込んでいる。このカラーディスプレーは**混色**という錯視を利用している。

混色とは、可視光領域のうち、異なる波長の複数の色光の組み合わせを観察した場合、実際に提示された色光のいずれとも異なる単一の色光が見える現象である。つまりは、複数の色光の組み合わせによって、実際にはない単一の色彩が見えるのである。ディスプレーのように、発光された色光の組み合わせにもとづくものを加法混色、印刷物のように、塗料などで吸収されずに残った色光の組み合わせにもとづくものを減法混色と呼ぶ。

色覚に関する錯覚は知覚体験の操作─錯覚の利用において、これまでの代表的な成功例と言える。液晶であれ、ブラウン管であれ、大抵のディスプレーは実は赤、緑、青の3色しか示していない。3色しかないのに、この3色それぞれの強度を組み合わせて示すことで、我々には多様な色彩が見える。

この混色は、単一の波長の光であっても、複数の波長の光の組み合わせであっても、同じように見えてしまうことにもとづいている。つまり神経の興奮が同様であれば、単一の波長の観察で生じた色の見え方と、混色の結果として生じた色の見え方を区別することはできない。カラーディスプレーはこの知覚の「限界」を積極的に利用する道具と言える。

色覚の個人差に対する誤解と偏見

色の見え方には大きな個人差の問題がある。色の見え方に大きな影響を及ぼすのが、錐体の数や分布の仕方によって生じる色覚のタイプである。網膜上の錐体の数は遺伝的に決定されるが、三種類の錐体（L、M、S）のうち特定の錐体の種類が少ない人と、三通りの錐体を持つ人とでは、色の弁別の仕方が異なる。

特定の錐体の数が少ない人はかつては**色盲**、**色弱**、と呼ばれていたが、患者団体の申し入れなどもあって現在では呼び方が変わっている。三通りの錐体を多く持っている人は**正常3色覚者**と呼ばれる。三つとも錐体がない人、三種類の錐体のうち一種類しかない人は**1色覚者**、と呼ばれる。どちらも数万人に1人程度の割合である。三通りの錐体のうち二種類しかない人は**2色覚者**と呼ばれる。2色覚者のうち、S錐体がない人の割合は数万人に1人程度である。三種類の錐体を持っているものの、L錐体とM錐体のどちらかが少ない人は異常3色覚者と呼ばれ、日本人では5パーセント弱、白人では8パーセント程度の割合となる。1色覚者や2色覚者、異常3色覚者は、ほとんどの場合が男性である。また、最近になって、女性では4色型の色覚者が見つかった。この人たちは、L錐体に近い波長の光に対応する錐体を持っているため、正常3色覚者の人が見分けられない赤領域の色光の違いが見分けられる。その数は数パーセントとも数十パーセントとも見積もられている。ただし、2色覚者はかつて「色盲」と呼ばれていたが、決して色が見えないわけではない。それぞれの波長の光をさまざまな色彩のグループに分ける際に、正常3色覚者と比べると体系的な偏りを生じるということである。

二種類の錐体があれば、正常3色覚者が見分けられる一部の色が見分けられないだけなので、日常生活にはほとんど影響ない。しかしながら、かつての「色盲」「色弱」などの呼称から来る誤解による偏見と、人口比率としてはマイノリティーであることから、かつては専門分野によっては大学入学で不利になったり、入社を拒否されたり、社会生活において不当な差別を受けることが多かった。

現在でも、市バスの運転士や警察官など、自治体によっては採用しないところがある。これらの職種の通常業務であれば色覚のタイプの違いが勤務成績に反映されることはないと思われる。職種や作業内容によっては色覚のタイプが勤務成績に大きな影響を与えることもあり得るが、職業選択の自由を制限するのであれば、その職務上の合理性を説明するべきだろう。

なお、航空管制官など、現在も採用を3色覚者に制限している職種がある。色覚における弁別能力を重要視する職務内容であれば、3色覚者よりも4色型の人の方が適しているのだろうから、積極的に4色型の人を見つける色覚検査を採用過程に取り入れれば、4色型は圧倒的に女性に多いので、自然に女性の多い職業になるだろう。それは男女の雇用機会の均等化にも利するとことだろう。逆に、もしそこまで色覚の弁別能力にこだわらないのであれば、2色覚者まで門戸を広げても問題はないように思われる。

オリバー・サックスが紹介しているところでは、グアム島に近いピンゲラップ島では、錐体を持たない1色覚者の人口比率が8パーセントと突出している。一八世紀の台風で島の人口が二十数名に減った際の生き残りの中に1色型の人が1人いたらしい。島という孤立した環境のため近親での交配が繰り返されたことで1色型の割合が高くなったと考えられている。彼らには錐体がないため、明るい照明が苦手で視力も低いが、暗いところでは微妙な明暗を見分けることができ、月明かりの下でトビウオを捕まえることのできる優秀な漁師と見られている。

また、3色覚者や2色覚者では色の配列による無意味な模様に見える織物が、明暗しか見えない1色覚者には意味のある模様に見える事例なども紹介されている。1色覚者だからこそ見分けられる色彩のパターンもあるということである。

人間の色覚には1色型から4色型まで見つかっており、それぞれ色彩の弁別能力に違いがあるのは事実である。その違いによって、それぞれの色覚型にできることとできないことの両方があることはもう少し知られてもよいことだろう。また、それぞれの色覚型にできることを発展させることでさまざまな可能性があり得ることももっと知られるべきことだと思う。

色のユニバーサルデザイン

実際のところ、自分とは異なる色覚タイプの人の色彩感覚を理解することは簡単なことではない。例えば、3色型の人が2色型の人の色の見え方を想像するのは難しい（4色型や5色型の魚や昆虫の色の見え方を想像するのも難しいだろうが）。

図6-1に色覚の基礎になる三通りの錐体の各波長の色光に対する応答特性を示してい

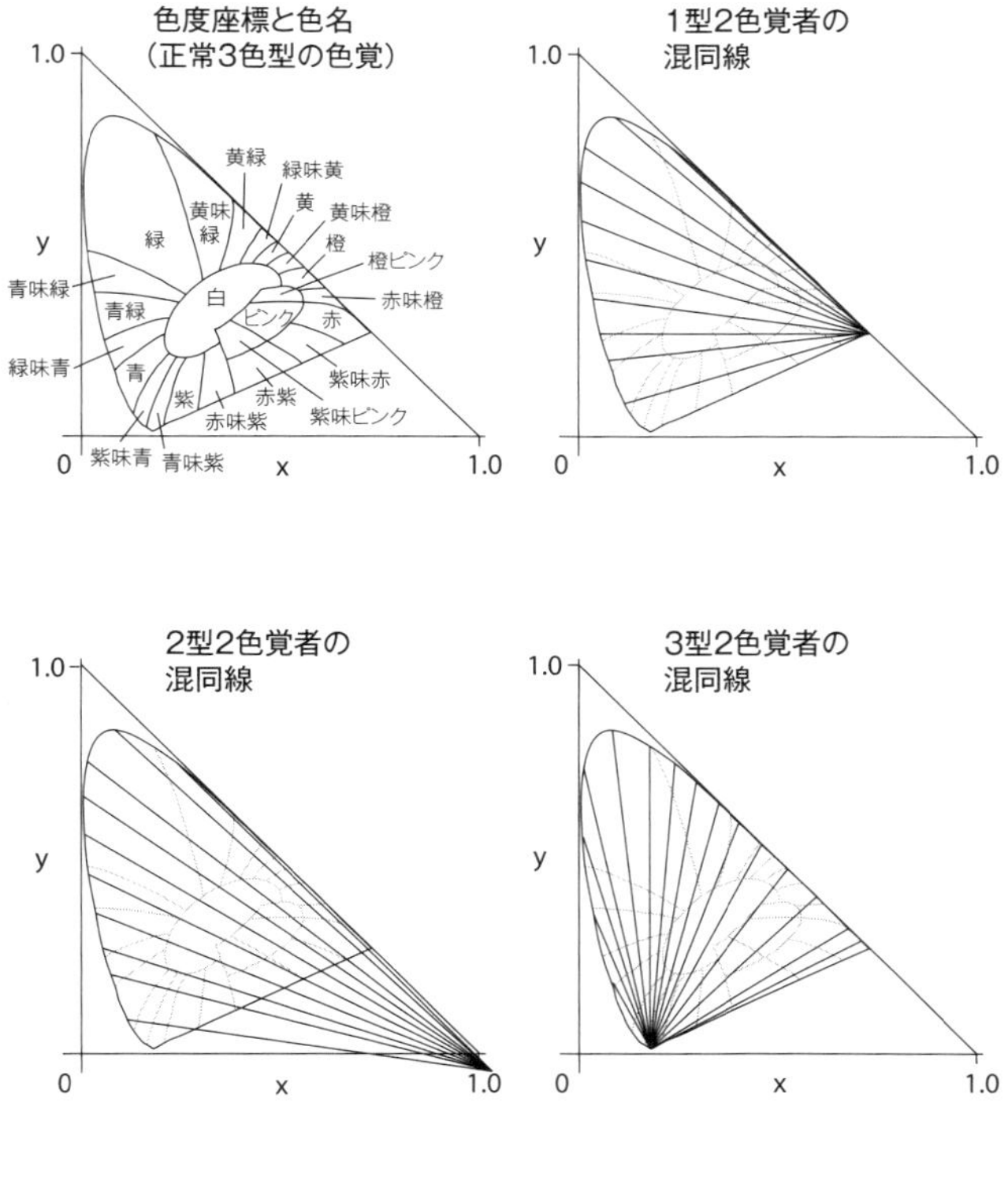

図6−12　2色型の色覚で混同されやすい色彩
それぞれの色覚のタイプにおいて、「混同線」上の色彩の間では混同が生じやすい。

るが、L錐体やM錐体がない場合でも、残りの二つの錐体が反応することが分かるだろう。3色覚者は三通りの錐体の反応の強度で色光を符号化するのに対し、2色覚者は二通りの錐体の反応強度で色光を符号化する。それぞれ、用いている符号の数が異なるものの、それぞれの波長の色光に色彩を感じている。

ただし、用いている符号が異なるため、2色型と3色型とでは、色彩の弁別の仕方が違っている。それぞれ、さまざまな波長の色光に色彩を感じるが、色の分類の際に、色彩の境界の引き方や、同じ色彩に見える色光や色光の組み合わせが異なる。図6-12に、2色型の人が同じ色と見なす色光の分布を示しておく。

2色覚者にとって3色覚者の色覚特性に対応して作られたディスプレーの観察にもとづく視覚コミュニケーションにおいて、コミュニケーションの失敗が常に生じているということはない。多くの場合、ディスプレーに提示された画像は自然な色彩に見えるし、ディスプレーに提示された画像の観察で違和感が感じられるということは、日常生活の中ではあまりないことだろう。

とはいえ、2色覚者に関しては、緑や赤の色光に対する感度が低いので、プロジェクターを用いたプレゼンテーションなどで3色型の人が目立たせる目的で用いた緑や赤のポインタや文字が、かえって見にくくなるということがしばしば生じている。また、東京の地下鉄のように色彩の違いで路線の違いを表現する場合、見分けるのが難しくなる色彩の組み合わせがある。そのため、色覚のタイプによらず、誰にとっても分かりやすい色彩を用いる**ユニバーサルデザイン**という考え方が提案されている。

例えば、L錐体が少ないと黒地に赤は見えにくい。正常3色覚者でもS錐体の数は他の二つの錐体よりも少ないので、黒字に青、緑は暗く見える。そのため、背景が暗い場合、朱、黄、白を使った方が目立ちやすい。

また、白色の背景の場合、2色覚者にとっては黒、緑、赤のインクは見分けがつきにくい。したがって、色彩の違いを用いて分かりやすくしたいのであれば青のインクが向いている。また、視覚のタイプの多様性を考慮すると、誰にとっても分かりやすくするためには色彩の違いだけで区別するのはどうしても制約がある。そのため、色分けする際には文字、記号、模様などを併用するのが有効である。

第7章　生き残るための錯覚学

錯覚の役割

ここまで本書で紹介してきたことをまとめると次のようになる。

第一に、私たちが今まさに見たり聞いたりしていることは現実とは異なっている。

第二に、自分自身の見誤り、聞き誤りの傾向を知っていたとしても、その知識によってその誤りを避けることはできない。

この第二点までで、錯覚とは実にやっかいな事柄だと思われるかもしれない。しかしながら、第三の点として、知覚や認知を操作することによって、情報通信の可能性を広げたり、危険を回避したりすることを通して、生活の質の向上が可能になることも強調すべきだろう。この最終章では、錯覚が現代の生活において持つ意味や可能性についてさらに考えてみることにしたい。

進化の過程で錯覚・錯誤が発現

私たちの知覚や認知の過程が得ることができる情報には限りがある。しかし、人間を含め、現存している生物種は、進化の過程で、その限られた情報の中から生存に必要な情報処理の様式を獲得したと考えられる。その情報処理様式によって成立する知覚や認知は、絶対的に正しくなくても、従来の環境の中で生きていくために行動するには十分な程度で正しければよいのだ。

ただし、従来の生存環境の中であまり生じることがなかった状況や、ほとんど接することがなかった対象に対しては、通常の状況や対象からそれなりに正しい知覚や認知を成立させる過程が錯誤を引き起こすことがある。その錯誤は、状況や対象の特性と言うよりは、その生物の適応戦略の表れである。

本書で紹介してきた多くの知覚や認知における錯誤も、進化の過程ではあまり接することのない対象、錯誤が致命的な問題に発展しない状況で顕在化する現象である。

例えば、第2章でも見たように、多くの幾何学的錯視は二次元画像の観察で生じる。二次元画像は、おそらくは三万年ほど前に私たちの祖先が絵画を描き始めて以降に私たちの生活環境の中に普及した、比較的新しいタイプの刺激である。三次元空間での観察で適応的な処理を行う知覚過程が、二次元画像の観察において、不適応的な知覚を引き起してしまったとしても仕方のないことだろう。

第5章で紹介したフラッシュラグ効果や運動表象の惰性（ＲＭ）のように、日常生活でもよく接する、動いたりその特性が変化したりする対象の観察で生じる錯覚があるため、動いている対象を捕まえたり、位置を判断したりする際には誤ることが多い。それでもこのような特性を私たちの知覚のシステムが持っているということからは、その錯覚自体が生存を不利にすることはなく、むしろ生存を有利にするためにそのような特性を持つに至ったものと考えられる。おそらくは、知覚の過程は対象の位置や状態についての正しい判断ではなく、対象の特性の変化や運動を検出することに重きを置いて進化したのだろう。

自分の作った環境に不適応を起した人類

ただし、現代人が改めて突きつけられている問題がある。それは、私たち現代人が生活している環境が、人類が進化の過程で適応してきた環境と同じではないという点である。

第4章でも指摘したように、人間という生物種に固有の特性として、自分自身で生活環境を作り替えるという点を挙げることができる。現代人は利便性の追求にもとづき、遠い場所にも比較的短い時間で赴くことができるような高速移動手段を手に入れた。瞬時に大量の音声情報や画像情報、文字情報をやり取りできる高速情報通信技術も手に入れた。

こうした「文明の利器」は私たち現代人の生活の質を向上させ、快適な生活を可能にしている。いったん、このような快適な生活を手に入れたら、もとの不便な生活に戻ることを望む人は多くはないだろう。むしろ、更なる利便性の追求のために、人間自身の手による環境の変革は現在も進行中である。

文明化の過程は、これまで長い適応の過程で取得してきた、自分自身の足で歩いたり走ったりするのがせいぜい最速の移動であった生活から、自分自身を引き離すことでもあった。そうした新しい人工的な環境には、現に多くの問題があることが分かってきている。

現代の文明化された生活に特徴的な問題として交通事故を挙げることができる。交通事故は、人工的な手段による高速移動が可能になって初めて生じた問題であり、高速移動手段を持たなかった時代や他の生物種には存在しない、生活環境への適応の失敗例として見ることができる。

人間の知覚や認知の特性を考えると、正確で精密な判断を求められる機会が増えていることも、不適応行動の発生頻度を高めている。第5章で紹介したように、人間は動く対象の位置を運動方向側にズレているように知覚する傾向がある。そのため、高速で移動する自動車や自転車や、自動運動するベルトコンベア上の製品の位置についての正確な判断は失敗しやすい。また、対象が静止している場合でも、その対象までの距離やその対象の大きさや色彩についての知覚は必ずしも正確ではない。こうした事柄に対して正確に判断する必要があるような課題は、人間向きではないと言っていいだろう。

通常の進化で人工環境に適応できるのか

このように、進化の過程で自然な環境に適応してきた人間の知覚や認知の過程は、その自然な環境では適応的であるとしても、人間が創り出した人工の環境においてさまざまな不適応を引き起こす可能性があり、実際にこれまでも多くの不適応を引き起こしてきている。この状況に対して適切に対応しない限り、今後も引き続き同じような失敗が繰り返されることだろう。

現在、さまざまな不適応を引き起こしている生活の高速化や精密な判断の要求などは過去一五〇年ほどの間に急速に生じたことである。また、現在においても、さらに生活環境の改変は進行している。人工環境に適応した特性を持つ個体が旧来の特性を持つ個体を凌駕《りょうが》して人類の多数派になるためにはかなりの回数の世代交代が必要だろう。また、人工環境自体が一世代のうちにも大きく変動することを考えると、人間という生物種が人工の環境に通常の進化の過程を通して適応していくことを期待するのは困難と言える。

だからといって、筆者は、人間はこれまでの進化の過程で慣れ親しんできた自然の環境での生活に戻るべきだと主張するつもりはない。人間は、環境を作り替え、そのことによって、それまで適応してきた自然の環境に住めないという特性を持った特殊な生物種なのだと思う。他の生物種は、進化の過程で獲得してきた身体や精神、環境の安寧《あんねい》の中で、少なくとも知覚認知の特性の上では安定した生活を送ることが可能である。ところが、人間はそのような安寧の自然環境から自らはみ出してしまった生物種なのである。

人間の知覚や認知の特性を知ろう

通常の進化の過程を通して人工環境に適応するのが困難だとしたら、適応のためにはどのような対策があるだろうか？　この問いへの答えに関連して、知覚や認知の特性についての**メタ認知**の重要性を挙げておこう。

メタ認知とは、自分自身の知覚や認知、行動の特性について客観的に把握し認識することである。本書でのここまでの知覚や認知の特性の紹介を通して、読者はまさに自身の知覚や認知過程についてこのメタ認知をしたことになる。私たち自身が、見たり、聞いたり、触ったりした際に感じることにどのような特性があるか、知覚内容が対象の物理的特性とどのように対応し、あるいはどのようにズレているのか、本書をここまで読むことによって、読者は自分自身の知覚体験についてのメタ認知を得たことだろう。

次に大事なのは、このメタ認知を通して、対策を考えることである。本書を通して紹介してきたように、対象までの距離、対象の大きさ、色彩などについて知覚された内容は対象の物理的特性とは乖離しやすい。また、前著『大人の時間はなぜ短いのか』でも紹介したように、知覚自体に遅れが存在しているだけではなく、できごとの時間順序や同時性、時間の長さについての知覚にも大きな錯覚が存在している。動いているものの位置について正確に判断することもほとんど不可能である。私たち自身の知覚や認知にこのような特性があることを認識し、それが致命的な結果に発展するのを避ける方策を考えるのである。

道具によるサポートの重要性

まずは、このような錯誤が致命的な問題へと発展する機会自体を減らすという対策がある。日常生活の上でこのような錯誤が生じるのは仕方ないとしても、錯誤が致命的な問題に発展するような状況に陥らなければよい。乗用車での高速移動を避ければ事故を引き起すこともなくなる。ただし、どうしても高速移動が必要な人はこのような対策を取りようがないし、本質的な問題の解決にはなっていないだろう。

そこで、次に考えられる対策としては、人間の知覚や認知の不完全さを道具により補うということである。大きさや距離の知覚が不正確であれば、物差しを使って測定すればよい。色彩についてもさまざまな計測機器を使って測定すれば、錯覚に悩まされることもなく、正確な判断ができる。また、運動する対象の位置について正確に判断するためには、さまざまなタイプのセンサーを用いて、対象の位置を正しく判断するような機械を用いることで対応できる。

実際、こうした道具は、人間の知覚の不完全さを補うために開発されたものなのだ。人間に不得意な課題は人間に判断させるのではなく、道具や機械に判断させるのが有効である。

最近、乗用車においても、追突防止システムや自動運行システムが開発されている。人間自身の知覚認知の不全が交通事故の原因になっていることを考えると、こうした工夫は有効な事故防止対策と言える。このように、どうしても人間の知覚や認知の能力の限界を超えて正しい判断をしなくてはいけない場合には、必要に応じて、道具や機械によるサポートを利用すべきだろう。

スポーツ判定の機械化の諸問題

第5章でも解説したように、テニスでは、ボールの着地点の知覚における錯覚が高い頻度でライン判定の誤りを引き起こしている。動く物体が、止まったり進行方向を変えたりした位置が、実際よりも進行方向側にズレて見える錯視（RM）が関わっているものと考えられる。また、サッカーにおいて、パスが出た瞬間の攻撃側の選手と守備側の選手の位置についての錯覚がオフサイドの誤判定を高い頻度で引き起こしている。パスが出た瞬間に、ゴールに向かって走っている攻撃側の選手の位置が実際よりもゴール側に見えるフラッシュラグ効果にもとづく錯覚と考えられる。

運動する対象に関するこれらの錯覚は、こうした錯覚があることについての知識（メタ認知）があったとしても、知覚体験そのものは修正されない。しかしながら、このような錯覚があることを知っていれば、微妙な見え方をした場合は判断の基準を変えることによって誤判定の頻度を減らすことができる。その上、さらなる精密さを追求するのであれば、その一つの解決方法は機械を用いる方法である。

多くの競技スポーツでは、すでに判定に機械が取り入れられている。早いものでは、フェンシングで、一九三六年に公式採用されて以来、副審の代わりに電気審判器が用いられている。テニスのグランドスラム大会では、二〇〇六年の全米オープン以来、数台のカメラで撮影した画像からボールの位置や軌道をCGで再現することによりライン判定を行う「ホークアイ」というシステムが取り入れられている。同様のシステムはクリケットの大会などでも用いられている。日本でも、大相撲《おおずもう》では一九六九年以来、「物言い」があった際にビデオ判定が行われることがある。プロ野球では、二〇一〇年以来、ホームランかファールかの判断にビデオ判定が用いられている。また、短距離走などの陸上競技や、競馬、競輪、競艇、オートレースなどの公営競技では写真判定が用いられている。

こうした機械による判定を行えば、動く対象の位置や、剣道などでの打突《だとつ》の到着の時間順序などについて、より正確になるのは確かだろう。ただし、競技における位置やタイミングに関連して、機械では判断できないことがある。動きのスムーズさ、美しさ、気勢といった事柄である。

例えば、剣道や弓道においては、物理的なタイミングや位置だけではなく、動きの美しさ、スムーズさ、柔らかさや、気合い、動作後の姿勢態度（残心）なども含めて判定の重要な対象となっている。こうした事柄は、物理的な特性ではなく、私たちの感性的体験における特性である。

物理的な判断と美しさなどの感性的判断は常に両立するわけではなく、時として激しく対立することもある。美しさ、スムーズさ、気合いのように、人間だからこそできる感性的な判断を重視してきた競技が、正確さに重きを置く機械判定を用いると、判定の仕方だけではなく、競技の性格や、競技者の身体の動作の様式まで変えてしまうことだろう。

機械判定を行わない競技の多くにおいては、通常は複数の審判が判定に関わっている。感性的な判断を重視する競技においても、複数の審判が同様の判断を行った場合に得点を認めるという手法で客観性が確保されているとも言える。

物理的な順序や位置だけで判断するのか、美しさや気合い、気勢などの感性的事柄を重視して複数の審判に判断を求めるのか、あるいはそれらを組み合わせて判定するのかという問題は、すべての競技に一律に決められることではなく、それぞれの競技の哲学にもとづいて判断されるべきことだろう。

また、機械による測定に頼るのか、人間自身の感性に頼るのか、という問題は、競技の判定だけに関わる問題ではない。機械にもとづく正確な判断を可能にするシステムの構築と、人間自身の知覚や認知、感性にしたがった公正な判断を成立させるための工夫と鍛錬は、競技スポーツの審判だけではなく、進化の過程で慣れ親しんだ「安寧の自然環境」からはみ出してしまった人類すべてに課された課題と言えるだろう。

錯覚の積極的利用が開く未来

錯覚はその発生をできるだけ避ける必要のあるものではない。むしろ、その特性を積極的に利用することでも、人間独自の可能性が広げられている。例えば、平面的な絵画やディスプレーなどの画像を用いて奥行を表現することができるのは、二次元的な平面であってもさまざまな絵画的手がかりや両眼視差手がかりから三次元的な奥行が見えるという錯覚があるからである。ディスプレーやスクリーン上で輝度の異なる部位の位置や形状を変化させると運動が見えるのも、仮現運動という錯覚が利用されているからである。物理的には三通りの波長の色光しか提示していないカラーディスプレーにおいて多様な色彩を表現することができるのも、混色という錯覚が利用されているからである。

このような奥行や運動、色彩の表現は、錯覚を積極的に利用することで、画像を用いた伝達や娯楽の可能性が広がり、生活の質の向上が可能になっていることの代表的な例と言える。こうした利用のためには、それぞれの錯覚の最適化や、その基礎にある過程の理解が必要である。この場合、最適化とは、利用者の多くに意図した通りの知覚体験をさせるために適切な条件の範囲を特定することである。

錯覚の基礎にある過程の理解は、ほとんどの場合、まだ完全ではない。ただし、その錯覚に影響を及ぼす主要因が特定できる程度まで理解が進められれば、知覚体験を意図した通りに操作しやすくなるし、新たな表現手法も開発されやすくなる。今後もこうした過程を経て、さまざまな画像表現手法が開発されていくものと思われる。

錯覚のこのような利用を可能にしているのも、われわれの知覚についてのメタ認知である。自らの錯覚を用いることによって、生活の質を向上させているという点は、他の生物種では認められない、人間という種に固有の特性である。錯覚も利用の仕方によっては役に立つことを知っているということは、人間という生物種にきわめて特徴的な特性だと思われる。

科学的探究は人間の一般的傾向の解明を進め、技術はその特性を生かして生活の質を向上させる方法の開発を進めている。このような試みができる生物種は人間だけである。

先に述べたように、人間は慣れ親しんだ自然環境の庇護《ひご》からはみ出してしまった特殊な生物種である。ただし、人工的な環境の中で、これまでの生物種が経験したことがない知覚や認知の新たな展開の可能性を試す特権を手に入れた生物種でもある。これまでに地球上に存在したどの生物も経験したことのないその新たな展開のきっかけは、あなた自身の知覚体験の中にあるのである。

あとがき

人間は、自分たちで生活環境を作りかえてしまう生物種である。自分たちで作り出した生活環境では多様な錯誤現象が生じる。そうした錯誤現象や、それを生み出す知覚や認知の過程の特性を理解することは、日常の中に潜む危険を避けたり、生活の質の向上を可能にしたりできる。このことを多くの読者に知っていただければと願っている。この本では、主に知覚過程における錯誤現象についてとりあげた。ただし、人間の錯誤は知覚過程にとどまらない。今後、認知過程における錯誤の特性や、それが引き起す危険についても紹介する機会があればと願っている。本書で紹介した内容の多くは、千葉大学や山口大学の学生諸君や同僚との共同研究に負っている。特に、本書で紹介した現象に関する研究では、政倉祐子、長田和美、山下祥広、山田美悠、井上はるか、辻田匡葵の諸氏、長篤志先生、三池秀敏先生、松田憲先生に感謝している。コーエン企画の江渕眞人さん、集英社の鯉沼広行さんには前著の出版に引き続き大変お世話になった。お二人にもとても感謝している。

二〇一二年八月三一日　　一川誠

主な参考文献

はじめに

一川誠『大人の時間はなぜ短いのか』集英社新書、二〇〇八

第1章

今井省吾『錯視図形』サイエンス社、一九八四

北岡明佳『錯視入門』朝倉書店、二〇一〇

Fechner, G. (1859) Elements of Psychophysics. Translated by Adler, H. E., Howes, D. H. & Boring, E. G. (Eds.), Henry Holt Edition.

Stevens, S. S. (1975) In Stevens, G. (Ed.), Psychophysics, Wiley.

第2章

Nagata, K., Osa, A., Ichikawa, M., Kinoshita, T. & Miike, H. (2008) Magnification rate of objects in a perspective image to fit to our perception. Japanese Psychological Research, 50, 117–127.

長田和美、三輪智也、長篤志、一川誠、水上嘉樹、多田村克己、三池秀敏「知覚される大きさと観察距離の関係を示す拡大率関数：実空間で得られる視覚印象を表現する画像生成に向けて」認知科学一五、一〇〇-一〇九頁、二〇〇八

Kingdom, F. A. A., Yoonessi, A., Gheorghiu, E. (2007) The Leaning Tower illusion: a new illusion of perspective. Perception, 36, 475–477.

Osa, A., Nagata, K., Honda, Y., Ichikawa, M., Matsuda, K. & Miike, H. (2011) Angle illusion in a straight road. Perception, 40, 1350–1356.

Gregory, R. L., (1966) Eye and Brain, Oxford University Press, London.

Leibowitz, H., Brislin, R., Perlmutrer, L. & Hennessy, R. (1969) Ponzo Perspective Illusion as a Manifestation of Space Perception, Science, 28, 1174–1176.

Ono, H., Wade, N., Lillakas, L. (2002) The pursuit of Leonardo's constraint, Perception, 31, 83–102.

Shepard, R. N. (1981) Psychological complimentarily. In: Kubovy. M. & Pomerantz, J. R. (Eds.),

Perceptual organization. 279-342. Hillsdale, N. J.: Lawrence Erlbaum Associates.

第3章

Maloney, L. T. & Landy, M. S. (1989) A statistical framework for robust fusion of depth information. In Pearlman, W. A. (Ed.), Visual communication and image processing IV. Proceedings of the SPIE, No. 1199, pp. 1154-1163.

Enns, J. T. & Rensink, R. A. (1991) Preattentive recovery of three-dimensional orientation from line drawings. Psychological Review, 98, 335-351.

Gibson, J. J. (1950) The perception of the visual world. Cambridge, Mass. The Riverside Press.

Kilpatrick, F. P. & Ittelson, W. H. (1953) The size-distance invariant hypothesis. Psychological Review, 60, 223-231.

Oyama, T. & Yamamura, T. (1960) The effects of hue and brightness on the depth perception in normal and color-blind subjects. Psychologia, 3, 191-194.

Sun, J. & Perona, P. (1998) Where is the sun? Nature Neuroscience, 1, 183-184.

Brown, J. M. & Weisstein. N. (1988) A spatial frequency effect on perceived depth. Perception & Psychophysics, 44, 157-166.

Rogers, B. & Graham, M. (1979) Motion parallax as an independent cue for depth perception. Perception, 8, 125-134.

Wheatstone, C. (1838) Contributions to the physiology of vision: Part the first: On some remarkable, and hitherto unobserved, phenomena of binocular vision. Philosophical Transactions of the Royal Society, 128, 371-394.

Julesz, B. (1971) Foundations of cyclopean perception. Chicago, University of Chicago Press.

Tyler, C. W. & Clarke, M. B. (1990) The Autostereogram. Stereoscopic Displays and Applications, Proceedings of SPIE 1258, 182-196.

Nakamizo, S., Ono, H. & Ujike, H. (1999) Subjective staircase: A multiple wallpaper illusion. Perception & Psychophysics, 61, 13-22.

Mitsudo, H. (2007) Illusory depth induced by binocular torsional misalignment. Vision Research, 47, 1303–1314.
繁桝博昭、佐藤隆夫「書き割り効果のメカニズム」日本バーチャルリアリティ学会論文誌一〇、二四九-二五六、二〇〇五
Allison, R. S. & Howard, I. P. (2000) Temporal dependencies in resolving monocular and binocular cue conflict in slant perception. Vision Research, 40, 1869–1885.
Richards, W. (1970) Stereopsis and stereoblindness. Experimental Brain Research, 10, 380–388.
Toya, D. & Ichikawa, M. (2012) Effects of binocular disparity on impressions. Japanese Psychological Research, 54, 38–53.

第４章

Chauvet J-M., Deschamps, E. B. & Hillaire, C. (2001) Chauvet cave: The discovery of the world's oldest paintings. Thames & Hudson.
苧阪良二『地平の月はなぜ大きいか』講談社、一九八五
Kaufman, L. & Kaufman, J. (2000) Explaining the Moon illusion. Proceedings of The National Academy of Sciences, 97, 500–505.
ヤーコプ・フォン・ユクスキュル、ゲオルク・クリサート　日高敏隆、野田保之（訳）『生物から見た世界』思索社、一九七三
Fujita, K. (1996) Linear perspective and the Ponzo illusion: a comparison between rhesus monkeys and humans. Japanese Psychological Research 38, 136–145.
Nakamura, N., Watanabe, S. & Fujita, K. (2008) Pigeons perceive the Ebbinghaus–Titchener circles as an assimilation illusion. Journal of Experimental Psychology: Animal Behavior Processes, 34, 375–387.

第５章

Pomerantz, J. R. (1983) The rubber pencil illusion. Perception & Psychophysics, 33, 365–368.
Purves D., Paydarfar J. & Andrews T. (1996) The wagon wheel illusion in movies and reality.

Proceedings of the National Academy of Sciences, 93, 3693–3697.
Sekuler, R. (1996) Motion perception: a modern view of Wertheimer's 1912 monograph. Perception, 25, 1243–1258.
Mather, G., Verstraten, F. & Anstis, S. (1998) The motion aftereffect: a modern perspective. Cambridge, Mass. MIT Press.
Ouchi, H. (1977) Japanese Optical and Geometrical Art, New York, Dover.
Pinna B. & Brelstaff G J. (2000) A new visual illusion of relative motion. Vision Research, 40, 2091–2096.
Fraser, A. & Wilcox, K. J. (1979) Perception of illusory movement. Nature, 281, 565–566.
Leviant, I. (1996). Does 'Brain-Power' Make Enigma Spin? Proceedings of The Royal Society, London. B, Biological Sciences, 263, 997–1001.
Cutting, J. E. (2002) Representing motion in a static image: constraints and parallels in art, science, and popular culture. Perception 31, 1165–1193.
Winawer, J., Huk, A.C. & Boroditsky, L. (2008) A motion aftereffect from still photographs depicting motion. Psychological Science, 19, 276–283.
Freyd, J.J. & Finke, R.A. (1984) Representational momentum. Journal of Experimental Psychology: Learning, Memory, and Cognition, 10, 126–132.
Hubbard T. L. (1990) Cognitive representation of linear motion: possible direction and gravity effects in judged displacement, Memory & Cognition, 18, 299–309.
Whitney, D., Wurnitsch, N., Hontiveros, B. & Louie, E. (2008) Perceptual mislocalization of bouncing balls by professional tennis referees, Current Biology, 18, R947–949.
Nijhawan, R. & Kirschfeld, K. (2003) Analogous mechanisms compensate for neural delays in the sensory and the motor pathways: Evidence from motor flash-lag. Current Biology, 13, 749–753.
López-Moliner, J. & Linares, D. (2006) The flash-lag effect is reduced when the flash is perceived as a sensory consequence of our action. Vision Research, 46, 2122–2129.

Ichikawa, M. & Masakura, Y. (2006) Manual control of the visual stimulus reduces the flash-lag effect. Vision Research, 46, 2192-2203.
Baldo, M. V., Ranvaud, R. D. & Morya, E. (2002) Flag errors in soccer games: the flash-lag effect brought to real life. Perception, 31, 1205-1210.
第6章
大山正、齋藤美穂『色彩学入門』東京大学出版会、二〇〇九
Changizi, M. A., Zhang, Q. & Shimojo, S. (2006) Bare skin, blood and the evolution of primate colour vision. Biology Letters, 2, 217-221.
White, M. (1979) A new effect of pattern on perceived lightness. Perception, 8, 413-416.
Pinna, B., Brelstaff, G. & Spillmann, L. (2001) Surface color from boundaries: A new 'watercolor' illusion. Vision Research, 41, 2669-2676.
Van Tuijl, H. F. J. M. (1975) A new visual illusion: neonlike color spreading and complementary color induction between subjective contours. Acta Psychologica, 39, 441-445.
Lotto, R. B. & Purves, D. (2000) An empirical explanation of color contrast. Proceedings of the National Academy of Sciences, 97, 12834-12839.
Logvinenko, A. D. (1999) Lightness induction revisited. Perception, 28, 803-816.
Adelson, E. H. (1993) Perceptual organization and the judgment of brightness. Science, 262, 2042-2044.
Gilchrist, A. L. & Radonjić, A. (2009) Anchoring of lightness values by relative luminance and relative area. Journal of Vision, 9, 13. 1-10.
Jameson, K. A., Highnote, S. M. & Wasserman, L. M. (2001) Richer color experience in observers with multiple photopigment opsin genes. Psychonomic Bulletin and Review 8, 244-261.
カラーユニバーサルデザイン機構『カラーユニバーサルデザイン』ハート出版、二〇〇九
第7章
井上慎一『ポケット解説　やわらかな生命の時間―生命から読み解く時間のサイエンス』秀和システム、二〇〇六

一川 誠（いちかわ まこと）

一九六五年宮崎県生まれ。大阪府で育つ。千葉大学文学部行動科学科准教授。大阪市立大学文学研究科後期博士課程修了。博士（文学）。専門は実験心理学。人間の知覚認知過程や感性の特性について研究を行っている。著書に『大人の時間はなぜ短いのか』（集英社新書）、『時計の時間、心の時間』（教育評論社）、『知覚と感性』（共著、北大路書房）など。

集英社新書〇六六〇G

錯覚学《さっかくがく》――知覚《ちかく》の謎《なぞ》を解《と》く

二〇一二年一〇月二二日 第一刷発行
二〇一八年 八 月 六 日 第二刷発行

著者……一川《いちかわ》 誠《まこと》

発行者……茨木政彦

発行所……株式会社集英社

東京都千代田区一ツ橋二-五-一〇 郵便番号一〇一-八〇五〇

電話 〇三-三二三〇-六三九一(編集部)
〇三-三二三〇-六〇八〇(読者係)
〇三-三二三〇-六三九三(販売部)書店専用

装幀……原 研哉　組版……アミークス

印刷所……大日本印刷株式会社　凸版印刷株式会社

製本所……加藤製本株式会社

定価はカバーに表示してあります。

ISBN 978-4-08-720660-9 C0211

Printed in Japan

a pilot of wisdom